ちくま新書

報道弾圧
——言論の自由に命を賭けた記者たち

東京新聞外報部
The Tokyo Shimbun Foreign News Section

1741

報道弾圧——言論の自由に命を賭けた記者たち

【目次】

第三章　中国――コロナ対共産党の主戦場　089

まえがき――ジャーナリストの危機

ジャーナリストの殺害や拘束が後を絶たないなか、報道の自由を守る方策を話し合う世界規模の初会議が二〇一九年七月、英国の首都ロンドンで開かれた。「報道の自由のための国際会議」の名称で、英国とカナダ政府が主催した。

しばしば報道に圧力をかける存在である国家が、「自由を守る」と会議を開いた点について、参加した記者から疑念の声が上がった。一方で、政府の豊富な資金力や影響力が報道の自由を守る取り組みに使われることに期待する意見も聞かれた。

なぜ、政府が報道の自由を求めるのか。ジェレミー・ハント英外相は開会に際し、メキシコで起きた事件を引き合いに出し、報道活動が直面する厳しい現状を説明した。

五月一六日未明、組織犯罪報道を専門にしていたフランシスコ・ディアス記者のもとに「ナイトクラブで事件だ」と電話が入った。ディアスは現場に駆けつけたが、電話はわなだったとみられ、射殺された。ハントは「メキシコでは今年、ディアス氏を含め記者七人が撃たれた」と紹介した。

この国際会議が開かれる前年には、トルコのサウジアラビア総領事館で著名ジャーナリストが殺害されるショッキングな事件も起きていた。

ハントは「（独裁国家など）闇の権力に対抗する最強の措置は説明責任と精密な調査を課すことだ。報道以上に、この役割を果たせる機関はない」と、支援の理由を語った。

二日間にわたった会議で、約二〇の分科会が開かれた。女性ジャーナリストの安全や紛争地域のジャーナリズムの現状について、政府関係者や学者、非政府組織（NGO）、ジャーナリストが討議した。会議全体では一〇〇ヵ国以上から一五〇〇人が参加した。

会議では、ジャーナリストや報道機関の保護を目的とする多国間連合「メディアの自由コアリション（MFC）」が設立された。二三年六月現在、英国、カナダ、米国など五〇ヵ国以上が参加している。日本政府も二〇年に加わっている。

また、英国とカナダが初期資金を拠出し、「グローバル・メディア・ディフェンス基金」が設立された。ジャーナリストへの法的助言や紛争地域取材の訓練費用に充てるという。基金は現在、国連教育科学文化機関（UNESCO）が運営し、日本も資金を出している。

さて、政府が主催する報道の自由のための会議は、参加者にどう映ったのか。

セルビアで警察からの暴行を受けて入院後、英国で報道の在り方を考えるNGO「メディア・ダイバーシティ・インスティテューション」を立ち上げた記者ミリカ・ペシックは「私の経験上、政府がメディアを守ると誓うことには疑いが残る」と不信感を示した。NGOにはない政府の資金力、影響力を頼りに、各分野の専門家が報道の自由に向け一体となって取り組む意義は認めるという。だが、結果が伴わない場合もある。「英国は昨年、バルカン諸国のために同趣旨の会議を開いたが、一年後、バルカン諸国の報道の自由度は落ちていた。一年後の結果を待ちたい」と、冷静に見守る考えだった。

インドから参加した記者サビナ・インドラジットは「政府が報道の自由を守ると宣言することは大歓迎だ。今後、いかにして、外交チャンネルを使って、世界中で投獄されている記者の解放を働きかけるか、脅迫されている記者を難民認定し、ビザを発給するかなど、具体的な進展を見たい」と、期待を込めた。

英外務省の「報道の自由」公使に就任した国際人権弁護士のアマル・クルーニーも、この取り組みに効果があるのかを何度も自問したという。多くのジャーナリストが殺害されている現状では、報道の自由を守る国際的なシステムが必要と考え、参加を決めた。

クルーニーは、ジャーナリストに対し「速さや（ネット記事の）クリック数よりも正確さに価値を置いた報道を基本に据える責任がある」と要求した。その上で「悪事を犯す側が自由で、それを報じようとする側が不自由ならば世界は逆さまになってしまう。これをひっくり返せないなら、民主主義は生き残れない」と、強い危機感を表明した。

この会議を巡っては、英外務省がロシアのテレビ局ＲＴとスプートニク通信社に取材許可を出さないというひと幕もあった。

英外務省は「両社が積極的にディスインフォメーション（意図的な偽情報）を拡散したため」と説明した。ロシア大使館は「組織的な中傷だ」と英外務省に苦情を申し立てたという。

英国やカナダ政府が、報道の自由を守る姿勢を前面に出しつつ、ロシアなどの権威主義国家を牽制しようとする政治的な意図もにじんだ。

会議はその後も開催され、二三年四月現在、計三回に上る。会議に併せて、ＭＦＣの参加国閣僚による会合も実施されている。最近では二二年二月、エストニアが主催した第三回会議の際、ＭＦＣの第二回閣僚級会合がハイブリッド形式で開かれた。

日本からは小田原潔外務副大臣がビデオメッセージで出席した。「日本は民主主義の根幹をなす言論および報道の自由を一貫して尊重してきた」と主張し、言論や報道の自由を取り巻く環境改善への貢献例として、二一年に一〇万ドルをグローバル・メディア・ディフェンス基金に拠出したことを挙げた。

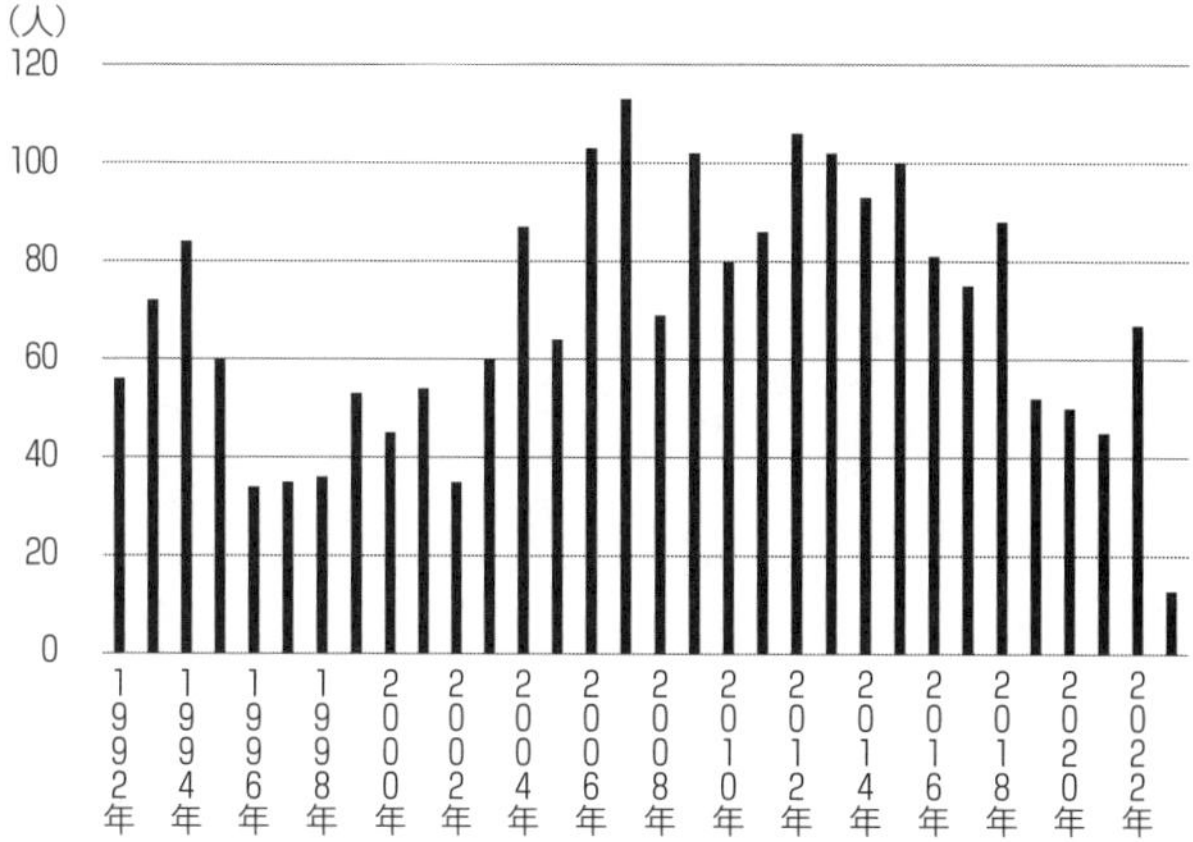

図表1　世界で殺害されたジャーナリストらの数
1992〜2023年6月下旬。CPJ調べ。

会議の開催や多国間連合の設立は、強権的な国家によるメディアへの圧力で、民主主義の基盤となる報道を巡る環境が厳しさを増している表れといえる。インターネットを通じた新たな伝達手段の普及や偽情報の拡散という問題も、環境の厳しさに輪をかけている。

一方で、民主主義の看板を掲げている国家であっても、報道機関が財政面などで政府に依存することは、批判精神を鈍らせ、国民の知る権利に応えられなくなる危険性をはらむ。

基金への貢献をアピールした日本政府についても、本当に「報道の自由を一貫して尊重してきた」と言えるだろうか。

残念ながら、「報道の自由のための国際

会議」のような取り組みが、即効性のある効果を発揮しているわけではない。

米ニューヨークに本部を置く国際NPO「ジャーナリスト保護委員会（CPJ）」の調査では、一九九二年以降に拷問やテロ、戦地取材などで命を落としたジャーナリストらは、二三年六月下旬時点で二二〇二人に上っている。二二年は六七人で、前年より二二人増えた。二三年もすでに一四人が殺されていた。

二三年五月三日に「世界報道自由デー」が三〇周年を迎えるのを受け、国連総会は特別イベントを開催した。UNESCOのオードレ・アズレ事務局長は「ジャーナリストの安全保障は社会全体の問題だ」と、多くの人が関心を持つように呼びかけた。

世界各地であからさまになっている報道活動への締め付けは、権力者が報道の力を恐れていることの裏返しでもある。メディアは防戦一方ではない。さまざまな方法で権力に挑み、渡り合う記者たちがいる。

本書では、世界中で繰り広げられている自由な報道に向けた闘いを追い、報道という営みの価値をあらためて見つめたい。

第一章は、フィリピンを取り上げる。一九八〇年代に「ピープルパワー革命」と呼ばれる市民革命で独裁政権を倒し、東南アジアでは民主主義が比較的定着していた国で、強権的な指導者が率いる政権が報道に圧力を加えていった。その危険な状況について、ノーベル平和賞を受賞したジャーナリストの闘いを軸に描く。

第二章では、ロシアに焦点を当てる。国際社会の制止の呼びかけを無視し、ウラジーミル・プーチン大統領はウクライナに侵攻した。対メディアを含め、批判的な意見に耳を貸さず、敵対する相手を露骨な手法で抑えつける姿勢は、侵攻前から現れていた。

第三章は、国際的な影響力を増大させる中国。習近平国家主席の一強体制が固まり、米国をはじめ民主主義陣営と対峙するなか、報道に対する締め付けはさらに強まる恐れがある。人々は情報統制の圧力に耐え続けられるだろうか。

第四章は、イエメンとシリアに目を向ける。中東は政情不安の国が多く、記者たちには最も危険な地域の一つだ。宗教上の制約や権威主義的な政治体制のため、自由な取材は難しい。加えて深刻な内戦という悪条件がある両国で、報道を取り巻く状況はどうなっているのか。

第五章ではトルコとサウジアラビアをテーマとする。穏健な民主主義国とされてきたトルコだが、タイップ・エルドアン大統領のもとイスラム色が濃くなり、強権的な政治手法が目立つ。一方、産油国として存在感を放ちながら、閉鎖的な王国サウジアラビア。この二カ国が交わる形で、著名ジャーナリストが殺害される事件が起きた。

第六章は、ミャンマーだ。長い軍政を経て民政に移管後、「アジア最後のフロンティア」として発展が期待されていた同国で、二〇二一年に軍事クーデターが発生した。国軍の弾圧にさらされながら、命懸けで真実を伝えようとするジャーナリストたちの姿を伝える。

第七章は、豪州、日本など、民主主義の制度を採り入れた先進国や新興国・地域を題材にしている。フェイク（偽）ニュースの拡散が世界的な問題となり、米国と中国、ロシアを軸にした国際対立が深まるなかで、機密情報保護の重要性も取り沙汰される。こうした課題への対応を名目に、私たちの権利が縛られてはいないか。

さまざまな国・地域の状況を伝える本書が、報道の自由について考える機会となれば、筆者たちにとって望外の喜びである。

なお、本文で表記した年齢や肩書き、為替レートは取材時のままとした。人物については敬称を省略し、二度目の登場以降は主に姓のみとしているが、「スーチー」のように日本で一般化している呼称を使うケースなどもある。

本書では「ジャーナリスト」や「記者」という言葉が折々登場する。基本的には同義に使っているが、「ジャーナリスト保護委員会」といった固有名詞や、「新聞記者」など定着した呼び方の場合、どちらかを優先している。

2023年	2022年	2021年
(1) ノルウェー	(1) ノルウェー	(1) ノルウェー
(2) アイルランド	(2) デンマーク	(2) フィンランド
(3) デンマーク	(3) スウェーデン	(3) スウェーデン
(15) カナダ	(16) ドイツ	(13) ドイツ
(21) ドイツ	(19) カナダ	(14) カナダ
(24) フランス	(24) イギリス	(25) オーストラリア
(26) イギリス	(26) フランス	(33) イギリス
(27) オーストラリア	(38) 台湾	(34) フランス
(35) 台湾	(39) オーストラリア	(41) イタリア
(41) イタリア	(42) アメリカ	(43) 台湾
(45) アメリカ	(58) イタリア	(44) アメリカ
(68) 日本	(71) 日本	(67) 日本
(73) マレーシア	(113) マレーシア	(80) 香港
(129) シンガポール	(139) シンガポール	(119) マレーシア
(132) フィリピン	(147) フィリピン	(138) フィリピン
(140) 香港	(148) 香港	(140) ミャンマー
(164) ロシア	(149) トルコ	(150) ロシア
(165) トルコ	(155) ロシア	(153) トルコ
(168) イエメン	(166) サウジアラビア	(160) シンガポール
(170) サウジアラビア	(169) イエメン	(169) イエメン
(173) ミャンマー	(175) 中国	(170) サウジアラビア
(179) 中国	(176) ミャンマー	(177) 中国

図表2　報道の自由度ランキング
2021～23年。本書に登場する国・地域、G7各国、各年のベスト3。RSF調べ。

第 1 章

フィリピン

強権政治とメディア

北川成史

フィリピンの独立系ニュースサイト「ラップラー」のマリア・レッサ
（2018年12月、フィリピン・マニラで、北川成史撮影）

1　ニュースサイトへの圧力

†CEO逮捕

二〇一九年二月一三日、タイの首都バンコクを取材のため車で移動中、フィリピンから速報が飛び込んできた。

フィリピンの独立系ニュースサイト「ラップラー」の最高経営責任者（CEO）で、ジャーナリストのマリア・レッサ（五五）が国家捜査局に逮捕されたという。容疑はネット上の中傷などを取り締まるサイバー犯罪法違反の疑いだった。

調査報道を得意とするラップラーは、容疑者の殺害も辞さない「麻薬戦争」と呼ばれた薬物犯罪捜査を行うなど、強権的なロドリゴ・ドゥテルテ大統領の政権運営に批判的なスタンスで知られていた。前年の一八年には、レッサはドゥテルテ政権に屈せず、真実を追求したとして、米誌タイムの「今年の人」に選ばれていた。

一方のドゥテルテは、ラップラーに対し「フェイクニュース」などと攻撃的な言葉を浴びせていた。

筆者は一八年末、フィリピンでレッサにインタビューしていた。すでに、政権からの嫌がらせとみられる動きが現れていたので、身柄の拘束は想定外ではなかったものの、実際にその事実を聞くと、少なからぬ衝撃と、彼女がどう扱われるのかという不安を覚えた。

問題とされたのは、一二年五月にラップラーがサイトに掲載した記事だ。実業家ウィルフレド・ケングがレナト・コロナ最高裁長官（一六年に死去）に車を貸したことの倫理性を問う内容だった。ケングは一七年、この記事が名誉毀損に当たるとして告訴した。当局がケングに薬物犯罪の疑いをかけていたことなど経歴に関する記述が名誉を傷つける、という訴えだった。

ラップラーは、記事が出たのはサイバー犯罪法が制定される四カ月前で、罪に当たらないと主張していた。国家捜査局は一四年に記事の誤字が修正されたのが再掲載にあたるとして同法を適用したが、法律は施行前に遡って効果を持てないとする「法の不遡及」の原則に照らすと、違和感が大きかった。

レッサは保釈金一〇万ペソ（約二一万円）を裁判所に納め、逮捕翌日の一四日に保釈された。レッサは「(政権が）権力を乱用し、法律を武器にしている」と怒りを表し、圧力に抗う姿勢を示した。

国際人権団体「ヒューマン・ライツ・ウォッチ」はレッサの逮捕について「報道機関に

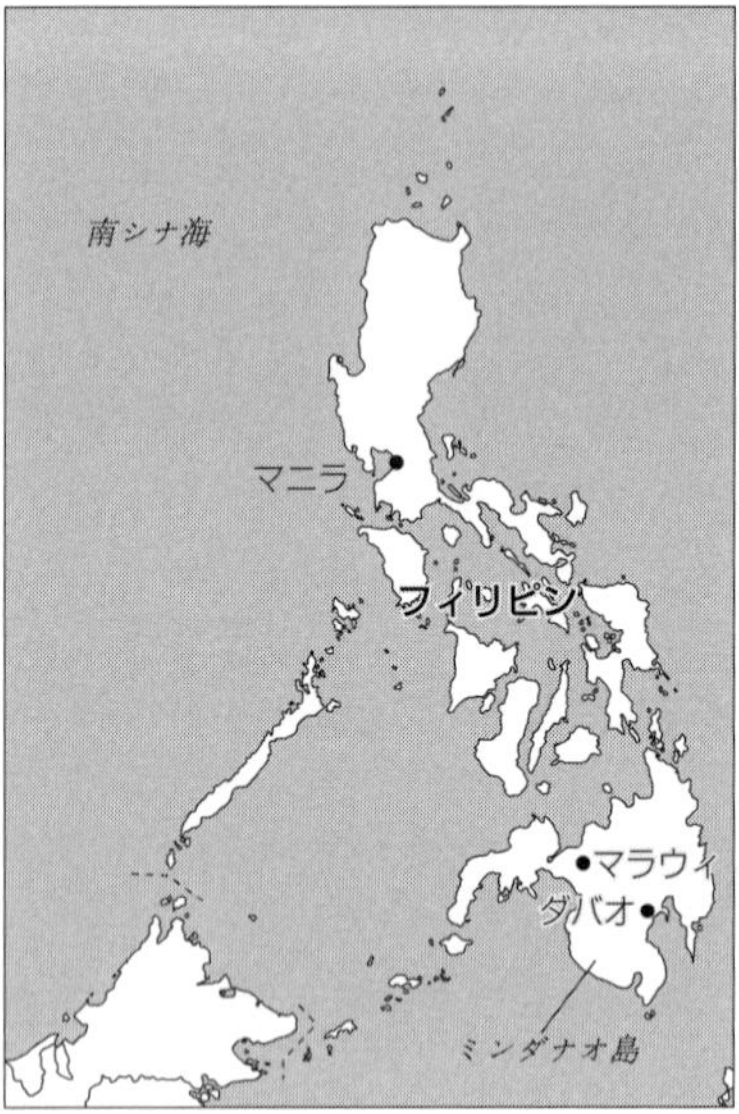

フィリピンの地図

限らず、批判する人間を黙らせようとするドゥテルテ政権の幅広いキャンペーンの一つだ」と批判した。

こうした批判に対し、サルバドール・パネロ大統領報道官は「民間人が告訴した事件が大統領官邸と何の関係があるのか」と地元メディアに語り、政府の関与はないとの立場を示していた。

ラップラーやレッサへの法的な圧力は、逮捕前から始まり、逮捕以降も執拗に続いた。

一八年一月、フィリピン証券取引委員会が、ラップラーの資金調達方法に問題があるとして、企業認可取り消しの命令を出した。米企業に預託証券を発行したのが、メディアの外資規制を定めた憲法やアンチ・ダミー法に違反するという主張だった。レッサらラップラー側は「資金調達は他社も利用している方法で、米企業に経営権はなく、自分たちは純然たるフィリピンの企業だ」と反論し、係争になっていた。

また、一一月には、預託証券発行に伴う三〇〇万ドル（約三億円）の所得を申告せず税を免れたとして、司法当局が脱税の罪で、ラップラーとレッサを起訴していた。ラップラー側は「発行は資金調達のためで利益目的ではない」とし、起訴が不当だと主張していた。

そして、サイバー犯罪法違反容疑での逮捕から一カ月余りしかたっていない一九年三月二九日、フィリピンの捜査当局はアンチ・ダミー法違反の疑いで、レッサをまたしても逮捕し、一時拘束した。レッサは同日中に保釈金九万ペソ（約一九万円）を払い、解放されたものの、先が見えない不気味さがあった。

†強権的手法を糾弾する独立メディア

レッサは一九六三年一〇月、マニラで生まれた。米CNNのマニラ、ジャカルタの両支局長として東南アジア報道に携わった後、フィリピンの最大手放送局「ABS-CBN」の報道部門トップを務めた。そして二〇一二年、ラップラーを知人らと設立した。ラップラーは「ラップ（おしゃべり）」と「リップル（波紋）」からの造語だ。波紋を呼ぶ内容でも発し続けるとの意思を表している。ジャーナリストとしてのレッサのキャリアは三〇年以上に及んでいた。

ラップラーの設立は、ベニグノ・アキノ三世大統領（二一年死去）の時代（一〇～一六年）にあたる。フィリピンの大統領は憲法の規定上、原則任期六年で再選はない。一六年五月の大統領選で当選し、六月末、アキノの後任に就いたのが、同国南部ミンダナオ島ダバオの市長ドゥテルテだった。

ドゥテルテは一九四五年三月生まれ。ダバオ市の検事や副市長を経て、八八年から大統領になるまで計二二年、断続的に市長を務めた。市長時代の実績の一つが、薬物犯罪対策などを通じた治安改善とされる。ただし、そこには超法規的な容疑者殺害を行う「ダバオ暗殺団（DDS＝Davao Death Squad）」の関与が疑われている。

DDSについては、ドゥテルテが大統領に就任後の二〇一六年九月、元団員という男性が上院で「ドゥテルテの指示で約五〇人を殺害した」と証言した。一七年二月には団員だったという元警察官が弁護士とともに会見し、〇三年にドゥテルテに批判的なラジオパーソナリティーを殺し、他の警察官らとともに、ドゥテルテから三〇〇万ペソ（約六七〇万円）の報酬を得たと述べた。

フィリピン政府はDDSの存在を否定しており、実態ははっきりしない。ただ、ドゥテルテの大統領在任中も、超法規的な容疑者殺害の話は絶えなかった。

大統領就任後、ドゥテルテは地元ダバオで実践した強硬な薬物犯罪捜査を全国に広げた。フィリピン政府のまとめでは、ドゥテルテ政権の六年間で、薬物犯罪捜査を通じて市民六二〇〇人以上が殺害されたとしている。しかし、人権団体などの見積もりはそれを大幅に上回り、無実の市民を含めて一万二〇〇〇～三万人が殺害されたという数字が出ている。

捜査中に死亡した容疑者らの数について、政府の公式統計が下方修正されたり、人権団体による調査を大幅に下回っていたりすることにラップラーは疑念を呈した。未成年者の死者が出ている事実についても手厚く報じ、問題提起していた。

政府から独立したメディアの中でも、薬物対策に象徴されるドゥテルテ政権の強権的手法を糾弾する筆頭格が、ラップラーだった。

†大統領官邸に出入り禁止

ラップラーへの圧力は「出入り禁止」や「取材拒否」という古典的な手法もとられた。「あなたは入れない」。一八年二月、マニラの大統領官邸の門で、ラップラーの大統領担当記者ピア・ラナダ（二八）はライフルを提げた警護隊員に制止された。

ドゥテルテの側近であるボン・ゴー大統領特別補佐官が、海軍のフリゲート艦導入計画の変更に関わった疑いについて、ラップラーが報じた翌日だった。官邸への出入りや大統領関連行事の取材の拒否が始まった。

当初、報道官は出入り禁止について「大統領がラップラーの報道にいら立っているため」と説明したが、その後、同社が外資規制に違反したとして、証券取引委員会から受けた認可取り消し命令を理由に持ち出した。

ラナダは「腹立たしい。(権力を追う)記者の権利を侵害している。官邸は公的な場所だ」と憤っていた。

筆者がラナダにインタビューしたのは同年一二月、マニラのラップラー本社だった。国民の大多数をキリスト教徒が占めるフィリピンの首都は、クリスマスのイルミネーションやツリーで彩られ、キリスト降誕を表した像をあちこちで目にした。

ラナダへのインタビュー後、大統領官邸の担当記者室に行ってみると、華やかなツリーが飾られていた。夕刻にクリスマスパーティーが開かれる日だった。目玉の一つはカラオケ大会で、午前中にはカラオケセットの準備が済んでいた。待ち切れず、ランチタイムに練習を始める記者もいた。

カラオケが家庭にまで浸透しているお国柄だけに、記者たちもうまい。男性記者の一人はスティービー・ワンダーを高音で歌い上げていた。

一見お祝いムードの部屋で、ラップラーの机を見つけた。主はいない。ラナダが話したように二月以降、官邸への出入りを禁じられているためだった。他社の記者は「自分たちにも起こり得る」と顔を曇らせた。

政権は官邸内であっても、記者がカラオケを楽しむのには寛容なようだったが、「報道の自由」に向き合う姿勢は違う。次のクリスマス、あの机には誰がいるのだろうか。記者室を後にしながら、そんな思いが胸をよぎった。

†政権支持者による「荒らし」

圧力の手法は、拘束や出入り禁止といった直接的な行為だけではなかった。匿名アカウントが多用されるために主体が捉えづらいネット空間での攻撃もあった。

出入り禁止や取材拒否と合わせるように、ラナダのもとに殺害や強姦を示唆するメールが相次いで届いた。政権が自分たちに従順ではない人物や組織を徹底的に敵視し、それにあおられた支持者らがネットを武器に敵を血祭りにしようとする。ラナダはそうした状況を作り出す政権の姿勢を感じ、危惧した。「一つの報道機関だけでなく、異なる意見を持つ全ての市民への攻撃だ。反対意見にも敬意を示すのが民主主義の大原則なのに」

攻撃対象はラップラーに限らなかった。

ロイター通信記者だったマニエル・モガト（五六）は一六年、麻薬戦争に絡み、ドゥテルテがナチス・ドイツの独裁者ヒトラーに自身をなぞらえて「麻薬中毒者を喜んで虐殺する」と発言したことを取り上げた。

記事の翌日、ネット上に共同筆者の女性記者と共に「無用に騒ぎ立てる犯罪者」と題した容疑者風の顔写真をさらされた。脅迫のメッセージが一週間続き、通勤経路も変えた。「ドゥテルテ大統領就任以降、記者の危険が増した」とモガトは顔を曇らせた。「ネット上で憎悪を拡散する（ドゥテルテ派の）「荒らし」が、伝統的な報道機関の信頼を損なおうとしている」

モガトは脅しに屈せずに、薬物犯罪捜査を巡る人権侵害に関する報道を続け、一八年、米報道界の最高栄誉とされるピュリツァー賞を受賞した。「われわれは質の高い報道で、圧力と戦わなければならない。降伏したら、報道の自由はなくなる」と力を込めた。

こうしたドゥテルテ派のネット利用について、ラップラーは大統領選のころから目を光らせ、交流サイト（SNS）などソーシャルメディアを使った世論誘導の疑いについても報道に力を入れていた。

ラップラーは、ドゥテルテが就任してから約三カ月後の一六年一〇月、「インターネットの武器化」と題したシリーズで、レッサらが書いた三本の記事を配信した。そこで、ドゥテルテ派がどのようにプロパガンダ（宣伝）や批判的な勢力への攻撃を広げるかを詳述した。

記事が主なツールに挙げたのが、SNSの投稿に自動応答するように作られたプログラム「ボット」と、身元を偽った「フェイク・アカウント」だ。

ボットは毎分数千件の応答ができ、世論の波が起きているように印象付けられる。フェイク・アカウントは、ネット上で「荒らし」をする「トロール（Troll）」と呼ばれる人間たちが使う。ドゥテルテを称える情報を拡散し、異なる意見への攻撃を展開する際、素性を隠す手段にする。

トロールはもともと、英語で「流し釣り」を指し、船を走らせながらエサやルアーに食いつかせるイメージから、荒らしをする人という意味が生じた。雇われのトロールもいて、月一〇万ペソ（約二一万円）の報酬を得るケースもあるという。

また、記事は不適切な情報がはびこる要因として、フィリピンで主要なSNSであるフェイスブックが、内部のアルゴリズム（計算手順）に基づいて利用者の画面に表示する投稿を決める際、真偽の区別をしない問題を指摘した。

なお、トロールへの報酬の支払いについては、実はドゥテルテ自身、否定していない。英オックスフォード大の研究者らは、SNS上でドゥテルテを宣伝したり、擁護したりするため、ドゥテルテ陣営が一〇〇〇万ペソ（約二一〇〇万円）を費やし、ボランティアのほか有償のトロールらを使ったという調査結果を発表した。

これに対し、ドゥテルテは一七年七月、記者会見で「私は一〇〇〇万ペソ以上費やした。

全て選挙中の話だ」と述べている。

この後もラップラーは二一年、内部文書に基づく情報として、ドゥテルテ政権のプロパガンダのため、芸能人や「インフルエンサー」（主にネットを通じて影響力を持つ人）に数十万～数百万ペソの報酬が支払われたと報じた。

看板政策である薬物犯罪捜査における人権侵害や、裏工作的なネットを通じたプロパガンダについて粘り強く伝えるラップラーは、ドゥテルテにとってよほど目障りだったのだろう。一七年一〇月には「米中央情報局（CIA）がラップラーに資金を提供している」と根拠不明の発言まで飛び出している。

2 狙われた民放最大手

†放送停止

ラップラーと同時並行的に、ドゥテルテ政権からの圧力が取り沙汰されたメディアがある。フィリピンの民放最大手、そしてレッサの古巣でもある「ＡＢＳ－ＣＢＮ」だ。

ＡＢＳ－ＣＢＮは二五年間の放送免許を持っていたが、ドゥテルテ派が多数を占める国会で、更新のための審議が遅れ、二〇年五月四日に期限を迎えて失効した。これを受けて、フィリピンの電気通信委員会（NTC）は翌五日、ABS-CBNにテレビとラジオの無料放送の事業停止命令を出した。ABS-CBNは同日夜、放送を停止した。命令によって停止したのは、系列のテレビ局四二、デジタル放送一〇、AMラジオ局五、FMラジオ局一八に及んだ。

ABS-CBNは、ドゥテルテの前任大統領のアキノに近いロペス家が経営する。ドゥテルテが進める強硬な薬物犯罪捜査について批判的に報じていた。一方、ドゥテルテは当選した一六年の大統領選の際、自身の選挙広告をしなかったとして、ABS-CBNへの怒りを口にしていた。放送免許更新にも否定的な態度を表し、事業の売却を求める発言もしていた。

事業停止命令には、伏線とみられるこうした出来事があった。

命令に対し、ABS-CBNは「新型コロナウイルス感染症の世界的大流行で最新情報が必要ななか、何百万ものフィリピン人がニュース源を失う」と批判する声明を発表した。人権団体や報道関係者の団体からも、批判への報復だとして非難の声がわき上がった。

パリに本部を置く国際ジャーナリスト組織「国境なき記者団（RSF）」は「ドゥテルテ派は報道の自由を記した憲法の精神を踏みにじっている」と指弾した。フィリピン外国特派員協会は「新型コロナウイルスでフィリピンが揺らぐなか、ABS-CBNの批評眼はこれまで以上に必要だ」と訴えた。

ABS-CBNのマーク・ロペス会長は放送停止直前の番組で「一丸となって危機を乗り越えたい。すぐに再開できるよう祈ってほしい」と述べた。

†周波数は親ドゥテルテ派へ

事業停止命令後、五月下旬から、国会の委員会はABS-CBNの免許更新に関する法案を審議したが、七月一〇日、反対七〇、賛成一一で否決した。この結果、ABS-CBNはケーブルテレビやSNSのフェイスブック、ユーチューブなどを通じた発信しかできなくなった。

フィリピン外国特派員協会は「私たちは決してひるまず、萎縮もしない」と決定への非難声明を出した。

だが、一連の経緯から、ABS-CBNがドゥテルテの大統領としての任期が切れる二二年までに免許を得るのは困難とみられた。

事業の柱であるテレビとラジオの無料放送が止まったABS-CBNの二〇年の売上高は、二一四億ペソ（約四九〇億円）と前の期に比べ半減した。二一年は一七八億ペソで、さらに一七％落ちた。広告収入の急減で業績悪化が顕著になっていた。

そして、ドゥテルテの任期終盤の二二年一月、NTCはABS－CBNがテレビ放送に利用してきた周波数を他社に割り当てることを発表した。割当先はアドバンスト・メディア・ブロードキャスティング・システム（AMBS）などだった。AMBSはドゥテルテに近い元上院議員マヌエル・ビリヤールが率いる企業グループに所属する。

周波数の喪失で、ABS－CBNがテレビやラジオの無料放送を再開できる可能性はいっそう低くなった。

経営環境が一段と深刻化するなか、ABS－CBNは同業との資本業務提携で難局を乗り越えようとした。ABS－CBNは八月、同業のTV5ネットワークに二一億六〇〇〇万ペソ（約五三億円）を出資し、三四・九九％の株式を取得すると決めた。しかし、NTCは複数の省庁からの承認を求めるなど高い条件を付けた。

結局、ABS－CBNは九月、TV5との提携計画を打ち切ると発表した。

フィリピンでは六月、フェルディナンド・マルコス・ジュニア元上院議員（六四）が新大統領になっていた。ABS－CBNは発足から間もない新政権との対立を回避したとの見方も出たが、マルコスはドゥテルテ路線を受け継ぐとみられており、穏健姿勢への転換が期待できるわけではなかった。

†国際的な悪評

ドゥテルテの攻撃の矛先はメディアだけではなかった。

ヒューマン・ライツ・ウォッチは一八年一月発表の報告書で、一六年六月末に就任したドゥテルテの麻薬戦争で一万二〇〇〇人以上が殺害されたと指摘した。政府を批判する人間や人権擁護者に嫌がらせを加え、脅していると非難した。

その例として挙げられたのが、レイラ・デリマ上院議員だった。弁護士でもあるデリマは、麻薬戦争における超法規的殺人やDDSに対する上院での調査を主導していたが、一七年二月、麻薬密売に関わったとして逮捕された。

また、一八年四月、強硬な薬物犯罪捜査を度々批判していたマリア・セレノ最高裁判所長官に対し、ドゥテルテは「お前は敵だ。最高裁から出て行け」と暴言を吐いた。最高裁は五月、セレノを解任した。国連人権理事会からの任命で人権状況を調査するディエゴ・ガルシアサヤン特別報告者は六月、「司法の独立性が脅かされかねない」と懸念を表明した。これに対し、ドゥテルテは記者会見で「内政干渉するな。地獄に落ちろ」と口汚く反発した。

ドゥテルテが進める麻薬戦争での超法規的殺人を巡り、国際刑事裁判所（ICC）の検察官はフィリピン人弁護士からの告発を受け、一八年二月に予備調査を開始した。ＩＣＣは、人道に対する罪やジェノサイド（民族大量虐殺）を犯した個人を国際法に基づいて訴追・処罰するため、オランダ・ハーグに常設された機関だ。

　ＩＣＣの予備調査開始に対し、ドゥテルテは「根拠のない個人攻撃だ」と反発し、三月にＩＣＣからの脱退を表明した。

タイのバンコクで2019年11月、ASEAN関連の会議に出席したフィリピンのドゥテルテ大統領（北川成史撮影）

　ドゥテルテの脱退表明後、ＩＣＣ検察官は二一年六月、予審裁判部に正式捜査を申請した。予審裁判部は九月、人道に対する罪の疑いで、超法規的殺人について正式に捜査することを承認したと発表した。ＩＣＣ脱退前の行為には司法権が及ぶとの判断だった。
　予審裁判部は「国策のために市民への広範囲で組織的な攻撃が行われた可能性がある」とし、「捜査を始める合理的な根拠がある」と結論づけた。
　しかし、正式捜査の承認が発表されても、フィリピンがICCに歩み寄る様子はうかがえなかった。

†国内では高い支持

国際舞台で悪役めいたイメージが付いたドゥテルテだが、フィリピン国内での評価は雰囲気が違った。

筆者は一七年一一月、東南アジア諸国連合(ASEAN)首脳会議の取材でマニラを訪れた。ドゥテルテの就任から一年あまりたっていた。会議の合間、町でドゥテルテに対する市民の声を聞いた。

マニラ中心部の旧市街「イントラムロス」。一六世紀のスペイン植民地時代の面影が残る。ジェフリー・ルイス(二五)は世界遺産に登録されたサン・アグスチン教会で警備員をしている。彼自身もキリスト教徒だ。

ルイスは言う。「ドゥテルテが好きだ。リーダーシップが優れている」

ドゥテルテが市長を務めていたミンダナオ島のダバオ出身のルイス。ダバオでも「グッド・ガバナンス(良い舵取り)だった」と評価する。

麻薬戦争への賛否を問うと、親指を立てた。「一〇〇%良い。薬物犯罪が減っている」

超法規的殺人も許すのか。ルイスはこう信じているようだ。「事実ではない。誇張されている。容疑者が反撃するからであって、合法だ」

この年の五月、ミンダナオ島マラウィで、過激派組織「イスラム国（IS）」に影響を受けたグループが市街地を占拠した。一〇月下旬に治安部隊による掃討作戦の終結が宣言されたが、その後もミンダナオ島は戒厳令が発布された状態が続いた。この掃討作戦について、ルイスは「正しい。町を占領したテロリストに対し、きちんと対応している」と賛意を表した。数々の暴言についても「表現だけで、本心ではない」と擁護していた。

べた褒めが過ぎる感があるドゥテルテへの高評価だったが、必ずしもルイスの地元びいきのせいだけとはいえない。

マニラ湾沿いにあるアジア有数の大型商業施設「SMモール・オブ・アジア（MOA）」。六〇ヘクタールの敷地にレストランやファッションブランドなど約一〇〇〇店舗が軒を連ねる。

MOAを訪れていたマニラ在住の電気技師ライアン・ルレナ（二五）は、ミンダナオ島には知り合いがいない。ルレナは「ドゥテルテは根性がある。ルールを作り、厳格に実行している」と評価した。超法規的殺人については「いくらかはあるだろうが、犯罪組織だってやっている。捜査の現場で罪がないかどうかを判断するのは難しい。治安当局が殺した人間の大半は、実際に薬物犯罪に関与しているはずだ」との見方を示した。

筆者が話を聞いた範囲では、総じてドゥテルテの薬物犯罪捜査には好意的だった。元電気技師フェリザンド・レイエス（七七）は「若者を麻薬に関わらせてはならない」と、捜査を容認する理由を語った。

会計士のノリエル・バルガダス（二〇）は「自分は麻薬戦争に五〇％賛成、五〇％反対」と言い表した。半分反対の理由は無実の人間が殺されているからだという。そうはいっても全否定はしていない。

ほかに、フィリピンの経済発展が続いている点をドゥテルテ支持の理由に挙げる意見もあった。ドゥテルテ政権は「ビルド・ビルド・ビルド」と称し、交通網や空港を整備する大規模なインフラ整備計画を打ち出していた。

社会に蔓延する違法薬物への危機感や経済発展への期待感が、フィリピン国内ではドゥテルテの高圧的な政治手法に対する負の印象を薄め、逆に指導力があるという評価に結びついているようだった。

フィリピンの民間調査会社「ソーシャル・ウェザー・ステーション」は、大統領の仕事ぶりへの市民の満足度を概ね四半期ごとに調べている。ドゥテルテに対する最後の満足度調査は二二年六月だった。

この時、ドゥテルテの仕事ぶりに「満足」と答えた人は全体の八八％に上り、「不満」

は七％にとどまった。「満足」から「不満」を引いた満足度は、在任中最高となる八一％だった。

ドゥテルテ政権発足後、最初の調査は一六年九月で、満足度は六四％だった。マラウィでのイスラム過激派掃討作戦に手間取っていた一七年六月の四五％が最も低い数字で、全二一回中二回を除き、五〇％を超えた。

前任のアキノが平均四五％、その前のグロリア・マカパガル・アロヨが同マイナス七％だったのと比べ、国内では高い人気を維持していた。

国民の支持は政権基盤を安定させる一方で、反対意見を押し込め、敵対的とみなされた人々の人権がないがしろにされる副作用も生んでいた。

†もっとも危険な国

指導者が強権をふりかざし、その手法に一定の評価を寄せる民衆がいる状況で、政権に異を唱える意見は激しい逆風を受けやすい。それでも、フィリピンにはラップラーをはじめ、批判精神を貫こうとするメディアがあった。

その背景として、筆者が地元記者らと接するなかで感じたのが、フィリピンは東南アジアの中で民主主義が定着した国であり、報道の自由も権利として認められているという自負だ。それは、歴史的な経緯と密接に関わる。

米国の植民地だったフィリピンは一九四六年に独立。六五年にフェルディナンド・マルコス（故人）が大統領に就任した。マルコスは七二年に戒厳令を布告して、対立する政治家や民主活動家を弾圧し、独裁体制を敷いた。

経済成長を優先して人権を抑圧する統治スタイルは「開発独裁」と呼ばれ、経済発展の面では一定の成果を上げた。しかし、長期政権の中で、取り巻きへの権益の集中が生まれた。また、国際人権団体「アムネスティ・インターナショナル」によると、戒厳令が八一年に解除されるまでに、約七万人が逮捕され、三二〇〇人以上が殺害されたとされる。八六年、「ピープルパワー革命」と呼ばれる市民革命で、マルコス一家は国外に脱出。マルコスは八九年、亡命先の米ハワイで病死した。

この後、一党独裁の社会主義国であるベトナムやラオス、国軍が政治に関与し続けるミャンマーなど、さまざまな統治体制がある東南アジアで、フィリピンは比較的民主主義が進んだ国として、国際的に認識されるようになった。

また、ピープルパワー革命後に制定されたフィリピンの憲法は、報道の自由を保障している。記者たちのドゥテルテ政権による圧力への反発は、自然な動きと言えた。それと同時に、脅かされやすい報道の自由への警戒感の裏返しにも思えた。

ある種の矛盾をはらむが、フィリピンは民主主義を体現したとされる一方で、記者にとってもっとも危険な国の一つと言われるからだ。

米ニューヨークに本部を置く国際NPO「ジャーナリスト保護委員会（CPJ）」によると、一九九二年から二〇二二年までにフィリピンで殺害された記者らは一五六人に上る。動機が明確でない事件も含まれるが、常に頭をもたげる権威主義と言論の自由のせめぎ合いが垣間見える。このうち二〇人が、ドゥテルテ政権時に殺害されている。

フィリピン・ジャーナリスト全国連合は二一年七月、ドゥテルテ政権発足からの約五年間で、ジャーナリストに対する逮捕、名誉毀損訴訟の提起、脅迫、監視、サイバー攻撃など二三〇件の攻撃を確認したと発表し、こう指摘した。「一六年の選挙で決定的な勝利を収めた数日後、ドゥテルテ次期大統領は言った。「ジャーナリストだからと言って、暗殺を免れるわけではない」。こうした言葉がドゥテルテ政権とメディアとの関係の基調を作り出し、メディアへの攻撃を助長している」

国境なき記者団（RSF）は毎年、世界各国・地域の「報道の自由度ランキング」を発表している。一八〇カ国・地域に対し、共通の指標で、ジャーナリストや研究者、人権活動家らへのアンケートなどをもとに点数を付けている（一七頁参照）。

ドゥテルテが大統領を退任する直前、二二年五月に発表された同年のランキングでは、フィリピンは一四七位で、前年から順位を九つ下げた。ASEAN一〇カ国で最も順位が高かったのはマレーシアの一一三位。フィリピンは一〇カ国中七番目で、下位にいる加盟国は一党独裁のラオスとベトナム、国軍がクーデターを起こし、批判的な民間メディアを潰したミャンマーだった。

なお、RSFは二一年、ドゥテルテを「報道の自由への抑圧者」三七人のうちの一人に選んだ。三七人には北朝鮮の金正恩総書記、ロシアのウラジーミル・プーチン大統領、中国の習近平国家主席などが含まれている。

3 真実の守護者

†平和賞の栄誉

ノルウェーのノーベル賞委員会は二一年一〇月八日、同年のノーベル平和賞を、ラッパーのマリア・レッサと、ロシアの独立系新聞編集長ドミトリー・ムラトフ（五九）に授与すると発表した。強権的な政府側と対峙し、権力の乱用や汚職を報じ続ける姿勢を評価した。報道や表現の自由が民主主義と国際平和の構築に不可欠と訴える形となった。

委員会は授賞理由を「民主主義と報道の自由がますます逆境に直面する世界で、二人は理想のために立ち上がったジャーナリストの代表者だ」と説明した。

筆者はノーベル平和賞を受賞する前、レッサに二回インタビューしている。ここではその内容を中心に伝えたい。

†にこやかな闘士

一八年一二月、筆者はレッサに最初のインタビューをした。米誌タイムの「今年の人」にレッサが選ばれる直前だった。

この年、真実を守る戦いの「守護者」として選ばれたのは、ジャーナリスト四人と銃撃を受けた米新聞社だった。

ジャーナリストはレッサのほか、サウジアラビア人記者のジャマル・カショギ、ロイター通信のミャンマー人記者二人だ。カショギはサウジアラビアのムハンマド皇太子への権力集中を批判的に報じ、殺害された。ミャンマー人記者らは同国軍が少数派イスラム教徒ロヒンギャを虐殺した事件を追い、逮捕された。米メリーランド州の新聞社キャピタル・ガゼットは、過去の記事に恨みを持った男の銃撃を受けた。タイム誌は「危険もいとわず、真実を追求した」とレッサらをたたえた。

レッサへの最初のインタビュー場所は、マニラにあるラップラーのオフィスだった。テーマはドゥテルテ政権下の報道の自由について。ウェブサイトの閲覧者が月七〇〇万〜八〇〇万人に上っていたラップラーを率い、強権大統領と対峙するのはいかなる強面か。攻撃的でちょっと面倒臭い人物かもしれない、とやや身構えて臨んだが、会ってすぐ、そんな警戒感は消えた。

レッサは小柄で笑顔を絶やさない。「気さく」と表現していい雰囲気のなか、じっと前を見つめるまなざしの強さが印象的だった。

「今、戦わなければ民主主義が損なわれてしまう」。インタビューでレッサは訴えた。

レッサは先に触れた「インターネットの武器化」について言及した。ドゥテルテの大統領就任から三カ月余りが過ぎた一六年一〇月、ラップラーが配信したシリーズだ。ドゥテルテ支持を拡散するためのフェイク・アカウントやトロールの存在を浮かび上がらせ、政権がフェイスブックを使って世論を誘導している疑いがあると報じた。

報道後の反応は異様だったという。「「殺す」「レイプする」。ヘイト（憎悪）のメッセージが一時間当たり九〇件来た」と振り返った。

外資規制違反や脱税をしたとする法的な圧力も相次いだ。レッサはインタビューでも「資金調達は他社も利用している方法で、税金は正しく納めている。狙い撃ちだ」と反論した。

ラップラーに対し「フェイクニュース」「CIAの手先」などと扇情的な非難を繰り返し、強権的なドゥテルテだったが、支持率は高い水準にあった。押し上げている一因は、ネット上で麻薬使用者への恐怖をあおるトロールたちの「荒らし」や、ドゥテルテをたたえる「アストロターフィング（偽の草の根運動）」だとレッサはみていた。

「『言論の自由』を抑えるために『言論の自由』を使い、法律まで武器にする」。レッサは政権の手法を憤り交じりに言い表した。「嘘も一〇〇万回言えば真実になる。『ドゥテルテは神』と繰り返せば人は影響を受ける。批判はたたかれる」

「フェイクニュース」発言や記者の締め出し、都合の悪い事実を説明しない姿勢は、米国のトランプ大統領ら他国の指導者にも共通していた。レッサは「（情報の）門番であった記者を素通りし、ソーシャルメディアを操って力を得る。独裁的で大衆迎合主義（ポピュリズム）の指導者たちは、お互いから学んでいる」と危機感を強めていた。

ラップラーへの圧力は、他のメディアにも萎縮や不安の芽を生んでいた。

先述したABS-CBNのほか、有力日刊紙「インクワイアラー」が、ドゥテルテ政権への批判的な報道が要因とみられる圧力を受けていた。

一方で政権による世論誘導に対抗する動きもあった。フィリピンのジャーナリストらが設立したNPO「ベラ・ファイルズ」などが、政府発表や報道の信憑性を検証し、ネット上で周知する取り組みを続けていた。フィリピン政府は、フェイスブックの投稿内容の事実検証作業に携わったラップラーとベラ・ファイルズに対し、政治的な偏りがあると反発していた。

「権力の乱用に取り込まれてはならない」。レッサは、データに基づく調査報道や人々の情報リテラシー（情報活用力）を高める必要性を説くとともに、警鐘を鳴らした。

「立ち上がらなければならない。これは民主主義を守る世界規模の戦いだ」

†権利の行使

二度目のインタビューは実業家ケングと最高裁長官との癒着を問うウェブサイトの記事を巡り、レッサに有罪判決が出た後だった。

マニラの裁判所は二〇年六月一五日、ケングの名誉を毀損したとして、サイバー犯罪法違反（ネット上の名誉毀損）の罪で、レッサと記事を担当した元ラップラー記者に対し、禁錮六カ月～六年の有罪判決を言い渡した。レッサは控訴する方針で、保釈金を支払っているため収監はされなかったが、レッサに対しては、ほかにも税法違反など七件の犯罪の訴えが起こされていた。

ヒューマン・ライツ・ウォッチは同日、「記者たちは脅しや攻撃を受けている。政府は最近、批判的な投稿をしたSNS利用者も標的にし始めた」と報道や表現の自由の後退を非難した。

筆者は判決から四日後の一九日、インターネットを通じてレッサの話を聞いた。コロナ禍の最中だった。レッサは政権の度重なる圧力を批判し「民主主義の基礎である報道の自由のため、屈してはならない」と力を込めた。

一五日の有罪判決について、レッサは「予想外ではない。ドゥテルテ政権は発足から四年間、攻撃を続けてきた」と冷静に語った。レッサは判決を「法律面での曲芸」と非難した。ウェブサイトへの記事の掲載がサイバー犯罪法施行前にもかかわらず、施行後の誤字の訂正が再掲載にあたり、法の対象とみなしたからだ。

レッサはドゥテルテ政権の手法を「千の切り傷を与え、死に至らせる（なぶり殺し）」と怒りを込めて表現するが、その手法の矛先はラッパーにとどまらない。

ドゥテルテは四月、新型コロナ対策の移動制限などを破った場合、警官は射殺も辞さないと警告し、実際に死者も発生した。レッサは「新型コロナの流行で間違いなく強権主義は深まっている」と危ぶんだ。

さらにドゥテルテは反テロ法の施行を急いでいた。同法は裁判所の令状なしで二四日間、容疑者を拘束できるなど、治安当局の権限を拡大する内容だった。レッサは「誰もがテロリストと認定され得る。今や権力乱用が制度化されようとしている」と懸念を募らせていた。

世界各地で過激な言動で大衆の関心を引くポピュリズムが広がり、安全保障やコロナ対策名目で国民管理が強まる傾向にあった。レッサは「長い戦いになる」と自身の状況を厳しくとらえつつ、報道関係者らに奮起を促した。

「報道の自由は全ての権利の土台だ。私たちが屈すれば、民主主義は死ぬ。権利は行使しなければ失う。恐れないでほしい」

†勇気与える受賞

二度目のインタビューから一年四カ月ほどたったころ、大きなニュースが飛び込んできた。今度は朗報だった。レッサがノーベル平和賞を受賞したという。

発表は二一年一〇月八日の午後六時ごろ。当時、バンコク支局勤務を終え、東京新聞(中日新聞東京本社)社会部に所属していた筆者は、別の取材で横浜に向かうためJR品川駅にいた。ノーベル平和賞の記事作成を受け持つ外報部から携帯電話が鳴り、「マリア・レッサが受賞した。インタビューした時の様子を盛り込んで、記事を書いてほしい」と依頼された。

早版の締め切りまで数時間しかない。カフェに飛び込み、パソコンにいくらか保存されていた過去のメモや検索できる自分の記事をさっと読み返し、記憶をたぐりながら記事を提稿した。

ノーベル平和賞については、ノルウェー・オスロの国際平和研究所のほか、英国のブックメーカー（賭け屋）などが事前に予想する。的中率はともかく、そうした予想も踏まえて、記者は予定稿を準備する。ただ、少なくとも東京新聞内でレッサはノーマークだった。米誌タイムの一八年の「今年の人」で、レッサとともに選ばれたロイター通信のミャンマー人記者二人については、一九年のノーベル平和賞候補に挙げる声があった。当時、ミャンマーを管轄するバンコク支局特派員だった筆者は、ロイター記者二人の受賞に備えて予定稿を準備した。だが、レッサについてはそのような準備はなかった。

筆者は突然の原稿作成依頼に、最初はある種の興奮を覚えた。自分のインタビュー対象で、同業者でもあるレッサが、権力に対峙したとしてノーベル平和賞に選ばれた痛快さ。限られた時間で原稿を仕上げることにも一種のスリルを感じた。

二一年は報道の自由を抑圧する事例が世界中で相次いでいた。ミャンマーでは二月に軍事クーデターが起き、民間メディアが次々と免許を取り消された。五月にはベラルーシ当

年	月	
2012	1	ラップラー設立
	5	実業家と最高裁長官の癒着を報道
2016	6	ドゥテルテ大統領就任
	10	シリーズ「インターネットの武器化」掲載
2018	1	証取委が外資規制違反でラップラーの認可取り消し命令
	2	大統領官邸に出入り禁止
	3	ドゥテルテがICC脱退を表明
	11	脱税の罪でレッサとラップラー起訴
	12	米誌タイムがレッサを今年の人に選出
2019	2	13日、サイバー犯罪法違反の疑いでレッサ逮捕（翌日保釈）
	3	29日、外資規制違反の疑いでレッサ逮捕（同日保釈）
2020	5	ABS－CBNに事業停止命令
2020	6	サイバー犯罪法違反の罪でレッサらに有罪判決
2021	10	ノーベル平和賞発表
2022	6	フェルディナンド・マルコス・ジュニア大統領就任

ラップラーへの圧力を巡る動き

局が旅客機を強制着陸させ反政権派の記者を拘束した。香港では民主化運動への徹底的な弾圧が展開され、六月、中国共産党に厳しい論調で知られる日刊紙「リンゴ日報」が廃刊になった。イスラム主義組織タリバンが八月に実権を掌握したアフガニスタンでは、報道規制が進み、女性記者が激減していた。

権力側による報道への圧力が広がる中で、レッサのノーベル平和賞受賞は、世界のジャーナリストたちを勇気づけた。ジャーナリストの授賞は一九三五年のカール・フォン・オシエツキー（ドイツ）

以来だった。オシエツキーは、ナチスが第一次大戦の講和条約に違反し再軍備を進めている事実を暴露し、投獄されながらも反戦主義を貫いた。

ノーベル賞委員会のベリト・レイスアンデルセン委員長は「言論の自由なしに民主主義は成り立たない。民主的な社会は戦争や紛争を回避できると固く信じている」と述べた。レッサら抑圧下で戦うジャーナリストたちの仕事は民主主義発展のために「絶対的に欠かせない」とレイスアンデルセンは強調した。

†事実が民主主義を支える

レッサがノーベル平和賞を受賞した一〇月八日、夕方以降はジェットコースターのようだった。ただ、一連の原稿を提稿した後にあったのは、達成感とは少し違った。時間がたつと、複雑な感情が湧いてきた。

ジャーナリストがその仕事を全うしたら、あるいは自国の政権を批判したら、ノーベル平和賞の対象になる。それは、健全なことなのだろうかと。

ノーベル平和賞に対し、ドゥテルテの熱烈な支持者がいるフィリピン国内は称賛の声一色とはならず、レッサの立場が守られたわけではなかった。

二二年六月二八日、フィリピン証券取引委員会はラップラーが外資規制に関するアンチ・ダミー法に違反したなどとして、法人登録の取り消しを決定した。事実上の閉鎖命令だ。ドゥテルテの任期終了まであと二日。政権は最後まで、強硬姿勢を崩さなかった。

証取委は一八年に法人登録取り消しを命じていたが、ラップラーは裁判所に不服を申し立て、その後もニュース配信を続けていた。証取委は、裁判所が不服申し立てに対する判断を示したため、取り消しが有効になったと説明した。

これに対し、ラップラー側は「裁判所の最終決定はまだ出ていない。法的措置を講じる」と証取委の閉鎖命令を批判し、二三年六月現在、報道を続けている。

閉鎖命令から二日後の二二年六月三〇日、ドゥテルテに代わって、フェルディナンド・マルコス・ジュニアが大統領に就任した。マルコスは五月の大統領選で、約六割の得票で二位以下に倍以上の差をつけて当選していた。

その名が示すように、マルコスの父は長く権力の座に君臨し、「開発独裁」の典型例に位置付けられ、民衆運動で失脚したフェルディナンド・マルコス元大統領だ。就任式には、母イメルダも出席し、マルコス家の復権を印象付けた。この時、副大統領選に出て、マルコスとの共闘で当選したのが、ドゥテルテの長女サラだった。サラは父の後にダバオ市長を務めていた。

新大統領となったマルコスは、ドゥテルテが進めた大規模なインフラ整備や薬物犯罪対策を継承すると表明していた。ドゥテルテ政権時に脱退したＩＣＣについても、マルコスは八月の記者会見で「再び加盟するつもりはない」と述べた。

ラップラーへの閉鎖命令は、マルコスが選挙で大勝し、大統領就任が決まった後だった。マルコスはメディアへの威圧でも、ドゥテルテ路線を継承するのではないかという見方が拭えなかった。

その暗示かのように、マルコス就任後も、フィリピンでは二二年中に、二人のジャーナリストが殺害された。このうち、一〇月にマニラで銃殺されたペルシバル・マバサは、ドゥテルテ、マルコス両政権への批判的な発言をする著名なラジオキャスターだった。

なお、二三年一月、レッサとラップラーに対する脱税の罪について、租税裁判所は「検察が納税義務を法的に証明できなかった」などとして無罪判決を出した。マルコス政権下でレッサに対する最初の判決だった。ただ、他の罪での訴訟は続いており、報道の自由を巡る状況が改善したとは言えなかった。

こうした逆風の中でも、ラップラーは権力監視の姿勢を維持している。根底にある考え方は何か。二一年一二月一〇日、レッサはオスロでのノーベル平和賞の授賞式でスピーチした。そこにはレッサが抱く現状への危機感と記者としての使命感が表れている。スピーチの要旨を記し、この章を締めくくりたい。

「真実を届け、政府の説明責任を問う使命のために犠牲を強いられている世界中の記者を代表して、私はみなさんの前に立ちます。今、みなさんに語りかけることができるドミトリー(・ムラトフ)と私は幸運です。助けもなく、人知れず迫害されている記者がもっとたくさんいるのですから。政府がその責任を問われることはありません。テクノロジーがそんな状況を加速させています。

私たちは、いま行動しなければ何が起きるかを想像する先見性と勇気を持たねばなりません。そして、より思いやりがあり、平等で、持続可能な世界をつくらなければなりません。そのために、五年前に私が向き合ったのと同じ問いを自分に投げかけてみてください。真実のために何を犠牲にする意思があるか?

フィリピン政府は二年足らずの間に、私に一〇件の逮捕状を出しました。私は自分の仕事をするためだけに、一〇回も保釈金を払わなければなりませんでした。すべて有罪になれば合計で約一〇〇年間、投獄される可能性があります。しかし、私は記者としての活動を攻撃されるほど、より固い決意を持ちました。私は権力の乱用を示す直接の証拠を手にしたのです。私とラップラーへの脅しは私たちを強くしただけでした。

ラップラーへの攻撃は五年前、ドゥテルテ大統領の麻薬戦争とフェイスブックに関する責任逃れを終わらせることを要求した時に始まりました。ソーシャルメディアで起きることはソーシャルメディア上にとどまりません。ネットの暴力は現実世界の暴力なのです。

フェイスブックは世界最大のニュース配信事業者ですが、ソーシャルメディア上では怒りと憎悪を織り交ぜた嘘のほうが事実よりも速く、遠くまで拡散します。地球規模の情報の生態系を支配する米国の企業は、意図的に私たちを分断し、過激化させています。

2021年12月、ノルウェー・オスロでのノーベル平和賞授賞式で、スピーチするマリア・レッサ（Per Ole Hagen／ゲッティイメージズ）

事実がなければ、真実を得られません。真実がなければ信頼は生まれません。信頼がなければ、共有できる現実も民主主義もありません。

私たちには事実に基づく情報の生態系が必要です。それは憎悪と嘘から利益を得る監視経済を規制して、ジャーナリズムを再構築することで成し遂げられます。

記者を標的にする国家に立ち向かい、独立性のある報道を支援する必要があります。

私たちは扉が閉じる瞬間にいます。今いる道を進み、さらにファシズムに陥ることもできますし、よりよい世界のために戦うという選択もできます。

みなさんは自問しなくてはなりません。真実のために何を犠牲にする意思があるか？　私は今日、ここに来られるかどうか分かりませんでした。毎日、記者であるだけで、残りの人生を監獄で過ごすかもしれない脅威とともに生きています。国に帰れば未来がどうなるか分かりません。しかし、危険を冒す価値はあります。

破壊は起きました。今こそ、私たちが望む世界を創造する時です。

さあ、私と一緒に目を閉じてください。あるべき世界を思い浮かべてください。平和と信頼、共感、私たちの可能性を最大限引き出す世界。

さあ、それを実現させましょう。後に退かないで。共に」

主要参考文献

井出穣治『フィリピン――急成長する若き「大国」』中公新書、二〇一七年

鈴木静夫『物語　フィリピンの歴史――「盗まれた楽園」と抵抗の500年』中公新書、一九九七年

マリア・レッサ（竹田円訳）『偽情報と独裁者――SNS時代の危機に立ち向かう』河出書房新社、二〇二三年

第 2 章

ロシア

戦争に突き進む大国で

栗田晃・小柳悠志

ニュース番組で「戦争反対」と書いた紙を掲げるマリーナ・オフシャンニコワ
（2022年3月14日、ウクライナのポドリャク大統領府長官顧問のツイッターより）

1 予兆

†プーチン政権下での苦闘

セルゲイ・ブントマン（六二）は、「自由」を初めて与えられ、マイクの前に座った日、うまく言葉が出てこなかったことを覚えている。

一九九〇年八月、旧ソ連初の民間ラジオ局「モスクワのこだま」が放送を開始した。「そりゃひどい気分だったさ。でも、それまではオウムのように政府発表を読み上げていただけだったから」。二〇一八年一二月、インタビューに応じた副編集長のブントマンは、当時を振り返った。

一九八五年に就任したミハイル・ゴルバチョフ書記長（後に大統領、二〇二二年死去）が推し進めた「ペレストロイカ」（改革）で報道統制が緩和された。格式張らず、血の通った放送を目指したブントマンらにも開局の許可が下りた。

「言論の自由」を守る覚悟が決まったのは、ソ連共産党の守旧派が起こした九一年八月のクーデターの時だ。何度も回線を遮断されながら、放送を続け、民主化勢力を勇気づけた。

クーデターは失敗に終わり、時代が後戻りしなかったことに安堵しつつ、「自由を守れるかは、自分たち次第なのだ」と責任も痛感した。

九〇年代に、試行錯誤しながら前進を続けたロシアのジャーナリズム。潮目が変わったのは二〇〇〇年だった。プーチン大統領が就任し、政権は次々と大手メディアを支配下に置いた。ブントマンは「プーチンの発想はソ連時代と同じ。マスコミは国益を守るための一国家機関にすぎないと考えている」と指摘する。

気付けば、現在のロシアで政権に異をとなえる「独立系」と呼ばれるメディアは圧倒的な少数派だ。不都合な真実を遠ざける大手メディアの姿勢が、ブントマンの目には「自分たちの仕事を自らおとしめている。職業に対する罪を犯している」と映る。

この国の報道の未来を探ろうと、筆者・栗田は著名なメディア関係者を輩出してきた国立モスクワ大学ジャーナリズム学部を訪ねてみた。教員は「学生たちには発表そのままではなく、自分の言葉、感性で、ニュースを伝えるよう指導している」と誇らしげに話した。

指導と実践に矛盾はないのかと問うと、「政権批判をしたければ、独立系メディアへ行けばいい。オーナーや読者、視聴者の要望に合わせるのが仕事だ」と、割り切り方はある意味明快だ。学生にもメディアの現状や欧米との違いを聞こうとしたが、広報担当者が「学生は評論家じゃない。「圧力」をかけるのはやめて」と質問を遮った。そもそも政治、社会問題の報道を希望する学生は、少なくなっているという。

ソ連時代は検閲があっても、「自由」への憧れがあった。連続二期までという憲法の規定で、二〇〇八年に一度、首相に退いたプーチンは、四年後に大統領の座に返り咲いた。超長期政権が見通される中、自主規制と保身がはびこる状況の方がジャーナリズムの危機といえるのかもしれない。ロシア国民の半数以上が、マスコミやインターネットの検閲を望んでいるという世論調査の結果もある。

自由な報道への希望は遠くなり、独立系メディアは苦闘の度合いを強める。小さな灯を守り抜くには、職業的使命に対してどれだけ忠実たりえるか、心の中の道しるべだけが頼りになる。ソ連末期からの歩みを振り返ってくれたブントマンは「どんな世の中になろうが、後に恥じることのない仕事をするだけだ」ときっぱりと言った。

†ロシア元情報機関員の暗殺未遂

二〇一〇年代、プーチン政権による報道統制は徐々に強まり、強権的なメディア弾圧に踏み切ったウクライナ侵攻後の予兆ともいえる時期となった。そんな中でも、果敢に独自の調査報道や抵抗の意思表示を試みた者たちもいた。ここからは、いくつかの事例を紹介したい。

一八年三月、英国でロシアの元情報機関員らが神経剤で襲撃される事件が起きた。ロシアの独立系ニュースサイト「インサイダー」は、英調査報道機関「ベリングキャット」と共同で取り組んだ調査報道で、プーチン政権が「無関係の民間人」と主張した容疑者二人をロシア軍参謀本部情報総局（GRU）職員と特定した。

ロマン・ドブロホトフ編集長（三五）に経緯を聞くと、「各種データベースから得た情報を照合し、調査開始から二、三週間で事実にたどりついた。過去、ウクライナやモンテネグロでのGRUの活動を調べた経験が生きた」と明かした。

九月、英当局が容疑者として公表したロシア人の男二人は、ロシア政府系のテレビ番組で反論を繰り広げた。観光のため、現場付近を偶然訪れた民間人だという主張だった。

それに対し、インサイダーは移民局のデータを入手し、二人のパスポートが、治安機関職員がパスポートを入手することの多い場所で発行されていたものであることを暴露した。軍教育機関の卒業生データなどから本名を特定し、出身地での取材や専門家の分析で裏付けた。英当局も報道内容を追認し、ロシア大統領府は「議論にはもう加わらない」と苦しい釈明に追われた。

ドブロホトフは「ロシアの情報管理がずさんなことに、むしろ驚いた」と振り返る。

「プーチン政権はSNSなど最新技術を駆使して、プロパガンダを展開しているつもりだろうが、本質はソ連時代の古びた手法と同じだ。二人がテレビに出てきた時点で、真実は見えていた」と語った。

一三年に発足したインサイダーのスタッフは一三人。政権の意をくむ主要テレビや通信社、新聞などのチェックも大事な仕事だ。サイトには「アンチ（反）フェイク」のコーナーを設け、データの裏付けとともに一日平均一件以上の偽ニュースを公開する。

政権の圧力を避けるため、ロシアではなくバルト三国のラトビアで会社を登録している。調査報道後も、目に見える妨害は受けていないが「政権はいざとなれば、あらゆる手を使う。政権の支持率がもっと下降すれば、独立系のジャーナリストを拘束するトルコのような強権的な道に進む可能性もある」と警戒した。

†編集基準違反で解雇

一九年五月には、プーチン政権の意向に従う大手メディアでは珍しい、言論の自由を巡る騒動があった。ロシア大手紙「コメルサント」で、政権ナンバー3のワレンチナ・マトビエンコ上院議長の去就に関する記事を書いた政治部記者二人が「編集基準の違反」を理由に解雇されたことがきっかけだった。政権に近いオーナーの圧力があったとして、抗議の意味を込め、二人以外の政治部の全記者一一人が一斉に辞職した。

問題とされたのは四月一七日付一面で掲載された記事だった。複数の国家機関筋の情報として、マトビエンコが近く議長の座を退き、セルゲイ・ナルイシキン対外情報局長官が後任候補だと報じた。解雇通告を受けた記者がフェイスブックで「株主の強い不満が理由だ」と明かしたことで発覚した。

コメルサントは一九一七年のロシア革命後に発行停止となった経済紙を、ソ連末期の九〇年にジャーナリストらが週刊紙として復刊し、九二年から日刊となった。独立的な報道で影響力を高め、九九年からは政商と呼ばれたボリス・ベレゾフスキーが保有した。その後、二〇〇六年に国営系列企業を経営するアリシェル・ウスマノフが買収した。一九年当時の発行部数は約一一万部。ウスマノフは米財務省が一八年に公表したプーチン政権に近いオリガルヒ（新興財閥）のリストに名を連ね、過去、プーチンから国家勲章も授与されている。

同紙関係者によると、編集基準違反の具体的な説明はなかった。辞表を出した中の一人、アラ・バラホワ政治部長は東京新聞の取材に「基準違反なんて口実にすぎない。マトビエンコ氏が気に入らない記事を書いた記者を処分するように依頼し、応じたのだろう」と憤りを示した。

情報源を明かすよう迫られた記者が拒否したために解雇に踏み切ったという話もあり、

社員有志は「記者に対する直接的な圧力だ」との抗議声明を発表し、二〇〇人以上が署名した。

一方、ウスマノフ側はロシアメディアに「解雇の判断に関わっておらず、編集権にも介入していない」と関与を否定した。政権側も「社内の問題であり、介入するつもりは毛頭ない」（ドミトリー・ペスコフ大統領報道官）と釈明した。

高等経済学院のセルゲイ・コルズン教授（ジャーナリズム）は「オーナーの編集権介入は検閲を禁じた憲法違反だが、大半のメディアでは抵抗するすべがない。ロシアでは、メディアが権力者の道具になっており、言論の自由への攻撃は続くだろう」と暗い先行きを予見した。

†麻薬容疑と解放

コメルサントの解雇騒動から間もなく、大手メディアが連帯して、独立系メディアの記者支援に乗り出す異例の事態も起きた。

一九年六月六日、プーチン政権に批判的な調査報道で知られた独立系ニュースサイト「メドゥーザ」（本部ラトビア）のイワン・ゴルノフ記者（三六）がモスクワ中心部で、密売目的で大量の麻薬を所持していたとして警察に逮捕された。ゴルノフは「警察自らが混入した」と容疑を否認した。

ゴルノフは、モスクワ副市長のマンション建設業者からの収賄疑惑や、治安機関関係者らによる葬儀ビジネスの利益独占の内幕のリポートなど、政権側の腐敗を暴く調査報道で知られていた。逮捕の経緯に不自然な点も多く、事件は当局側がでっち上げたとの見方が広がった。

コメルサント、ベドモスチ、RBKの大手三紙は一〇日付の新聞の一面を共通のレイアウトにして共同声明を掲載し、ゴルノフを支援する姿勢を鮮明にした。インタファクス通信によると、モスクワ、サンクトペテルブルクでは三紙が完売した。また、ゴルノフがモスクワ市内の裁判所に出廷すると、解放を求める支援者が集まった。

事件に対する抗議が大手メディアから市民の間にも拡大していたことを重くみたのか、ロシア政府は三紙が共同声明を掲載した翌日の一一日、証拠不十分でゴルノフを解放すると発表した。

ロシアが祝日の一二日にはモスクワ中心部で、ジャーナリストらによる抗議デモが予定されていた。解放の一報に、メドゥーザのガリーナ・ティムチェンコ編集長は「何百、何千の人たちの力のおかげだ」と感謝した。

コメルサントのグレブ・チェルカソフ前副編集長（四七）も「一記者にこれほどの支援

が集まるのは前例がない。ロシアのジャーナリズムの転換点になってほしい」と期待した。

上院議長の人事を巡る記事による騒動で辞職したチェルカソフは、コメルサントで勤務していたころ、「朝から晩まで、政権からの圧力を絶えず感じていた」という。国家機関に取材を申し込んだ場合、経営幹部や編集局長に対し「何の目的で調べているんだ」と横やりが入り、取材がストップすることもあった。

メディアを都合のいい情報だけを流す「道具」として扱ってきた権力者に対し、チェルカソフは「われわれは奴隷ではない。もっと敬意をもって接するべきだ」と訴えた。しかし、メディアを取り巻く状況はこの後も悪化の一途をたどっていった。

2 攻防

†改正メディア法

プーチンは一九年一二月二日、外国メディアの情報をネットなどで拡散する個人を、スパイと同義の「外国代理人」に指定するマスコミ法の改正案に署名し、改正法が発効した。独立系メディアは、欧米メディアなど外国メディアへのけん制も政権の狙いだとの見方を示した。

新たに対象となるのは、動画投稿サイト「ユーチューブ」やSNSを通じ、政権への批判を繰り広げるブロガーや独立系ジャーナリストたちだ。金銭を受け取って外国メディアの記事や映像を拡散したり、既に「外国代理人」に指定されているロシア語系報道機関などの情報を伝えたりした場合、外国代理人に指定される恐れがある。

外国代理人の指定を受けると、情報発信の際に自らが外国代理人と明記する義務が課され、違反者には罰金が科せられる。政権側は反体制派に外国のスパイの烙印を押す可能性をちらつかせ、情報統制を進めたい考えとみられた。

プーチン政権は一二年に、海外から寄付を受けるNGOを「外国代理人」と指定する法律を施行していた。マスコミ法の改正は、デモや政治的行動を伴わないメディアの活動さえも指定の対象とし、確実に圧力を強めている印象だった。

当局の意に沿わぬメディア統制の一例と思えるニュースを、地方の通信社が伝えた。プーチンが一九年一二月一九日に開いた年末会見で、政府系テレビ局に勤務する女性記者の質問が当局の不興を買い、記者がクビになったという。

年末会見では、内政から外交までの幅広いテーマにプーチン自らが答える。この年は国内外メディアの一八九五人が入場登録し、四時間以上にわたって七〇問余りの質疑応答が続いた。

クビになったのは極北のヤマル地方から取材に来た女性記者で、地元で建設が検討されるオビ川に架ける橋の実現性を質問した。だがヤマル地方の各メディアは、建設中の鉄道新線について質問することで当局と事前に合意していたという。通信社は「政府高官が（橋の）質問を否定的に見た」とした。当の女性記者は通信社の取材に「辞表は自分の意思で書いた」とだけ答えたという。

年末会見では、欧米や日本のメディアからの質問にも答える。外国メディアの質問内容をコントロールすることは難しいが、ロシア国内のメディアに関しては、プーチンを直接批判するような質問は皆無で、予定調和的なやりとりが多い。記者の解雇について、圧力が公にされたわけではなかったが、不測の事態を嫌う当局の姿勢から、十分に起こり得ることだと感じられた。

†独立系メディアの共同戦線

圧力にさらされる独立系メディアは、共同戦線を張った。プーチン政権に対して批判的なメディア約二〇社が二〇年二月末、独自記事の同時配信を柱とする連合を組んだ。報道の自由を旗印に媒体の枠を超えて世論を喚起する狙いで、この年に行われたロシア憲法改正を機にプーチンの強権体制が続くのではないかという危機感が背景にあった。

発足会見で、連合を主導するノーバヤ・ガゼータ紙編集長のドミトリー・ムラトフは「巨大な政府機構（と国営メディア）に対抗する」と述べた。貧困や人権問題に力を注ぐとみられた。

連合にはテレビ局「ドーシチ」、ラジオ局「モスクワのこだま」のほか地方紙や国外に拠点を置くロシア語メディアなどが含まれていた。それぞれ調査報道や市民活動家の寄稿で政治的迫害や役所の腐敗を報じてきた。

各社は国営メディアと比べて視聴者や読者が限られ、経営難が続く。当局による記者の拘束や、印刷拒否の事態も起きていた。重要なニュースは発信社を示した上で同時配信し、影響力を強める狙いだった。

政権の圧力を背景にしたとみられる強権発動は、著名ジャーナリストにも及んだ。同年夏、ロシア連邦保安局（ＦＳＢ）は軍事を専門とする元コメルサント紙記者イワン・サフロノフを国家反逆罪の疑いで逮捕した。軍事機密などのスクープに対する当局の報復という見方が強く、政権の方針に異を唱えることの少ない大手各紙も容疑に疑問を呈する声明を出した。

ＦＳＢは、イワンがロシアの軍事機密をチェコに漏らすスパイ行為があったとしていた。

一方、イワンが一九年に書いたロシア製戦闘機の不具合による墜落や、上院議長の人事に関する記事を当局が問題視したという見方も、独立系メディアの間で出ていた。

独立系ニュースサイト「メドゥーザ」によるとイワンの父親も元コメルサント紙記者で、〇七年に中東諸国への武器輸出に関わる機密情報を暴露しようとした直前、謎の転落死を遂げた。ＦＳＢは当時、軍事機密を記事にした記者を立件する方針を示していた。

†学生新聞への支持

ロシアで独立系メディアの一角と目される有力な学生新聞が、民主派野党指導者アレクセイ・ナバリヌイ（四五）の解放を求める反政権デモの告知に関わったとして治安当局の弾圧を受け、内外で波紋を広げた。

問題となったのは、モスクワの名門国立大「高等経済学院」の学生らが発行する電子版新聞「ドクサ」だ。教育問題やフェミニズム、哲学を扱ってきたが、一九年のモスクワ市議選で野党候補が出馬を阻まれた問題を伝え、政権側から「反体制メディア」とみなされるようになった。

治安当局は二一年四月一四日、突然、ドクサ編集部などを家宅捜索し、記者兼編集者四人を拘束した。裁判所も編集者の外出や通信制限を認めた。ナバリヌイの解放を求め、一月下旬にロシア全土で行われたデモに「未成年者の参加を呼びかけた」としていた。

事件後、ペスコフ大統領報道官は「かなり以前から政治的な色合いを帯びるようになった」と、編集姿勢を批判した。

ドクサ編集部に対する取り締まりは「学問と報道の自由の侵害」と受け止められ、ロシアや欧米の学者は編集者の解放を要求した。ドクサを支持する特設ページには一〇〇〇人が名を連ねた。

ドクサ編集部の一人は筆者・小柳の取材に「国営メディアは政府の顔色をうかがい、客観的な報道をしない。政治の問題と市民の連帯を報じるため、われわれが動かなくては」と語った。

五月三日、ロシアで政府に批判的な立場を取る独立系メディアが弾圧されているとして、世界六一三カ国のジャーナリストの有志約二五〇人が、プーチン政権に対して報道の自由を求める共同声明を発表した。

声明では、ドクサの編集者四人が拘束された事件を問題視した。ラトビアに拠点を置く「メドゥーザ」をロシア政府がスパイ扱いし、経営を妨害していることも非難した。また国営メディアがプーチン大統領の取り巻きによってコントロールされている現状を告発し、「独立系メディアの報道の自由を守ることは国際社会の義務だ」と訴えた。声明には英紙ガーディアンや米紙ワシントン・ポスト、仏紙ルモンドの記者らが名を連ねた。

国際ジャーナリスト組織「国境なき記者団（RSF）」によるこの年の報道の自由度ランキングで、ロシアは一八〇カ国・地域中、一五〇位となっていた。

†もう一人の平和賞

ノルウェーのノーベル賞委員会は二一年一〇月八日、ノーベル平和賞を二人のジャーナリストに授与すると発表した。一人が前章に登場したフィリピンのニュースサイト「ラップラー」の最高経営責任者（CEO）マリア・レッサ。もう一人がロシアのドミトリー・ムラトフだった。

ロシアでの平和賞受賞は一九九〇年のゴルバチョフ元ソ連大統領以来。ゴルバチョフは同日、「現代世界における報道の意義を高める」として、ムラトフらの受賞を祝福した。

ムラトフは一九六一年一〇月、ロシア・クイブイシェフ（現サマラ）生まれ。コムソモリスカヤ・プラウダ紙を経て、ソ連崩壊に伴う混乱期の九三年、真実の報道を目指し、大手紙を退職した仲間らと独立系の新聞「ノーバヤ・ガゼータ（新しい新聞）」を設立した。ノーベル平和賞を受賞したゴルバチョフがパソコン八台を購入し、同紙を支援したことで知られる。ムラトフは九五年に編集長に就任した。

ノーバヤ・ガゼータ紙は権威主義を強めるプーチン大統領に批判的な調査報道などを展開し、これまでに六人の記者が命を落としている。特に有名なのが、同紙評論員として、プーチン政権の暗部に切り込む調査報道に果敢に取り組んだアンナ・ポリトコフスカヤだ。ロシアからの分離独立を目指す南部チェチェン共和国との戦い（チェチェン紛争）を取材し、ロシア軍幹部によるチェチェン女性への性的暴行や腐敗を報じた。

折しもノーベル平和賞発表前日の七日、モスクワ市内のノーバヤ・ガゼータには独立系の報道関係者や人権運動関係者が集まっていた。ポリトコフスカヤがモスクワ市内の自宅アパートで暗殺されてから、一五年の節目だったからだ。

受賞が決まったムラトフはモスクワで八日、今後も政権に批判的な調査報道を貫き、ジャーナリズムを通じて国内の民主化に貢献していく考えを記者団に語った。

「亡き同僚らに与えられるべき賞だ」。ムラトフはこう切り出し、殺害されたり、不審死したりした六人の記者らの名前を読み上げた。このうちポリトコフスカヤの事件は主犯格などが未解明のまま、真相究明は困難な状況だ。平和賞は政権に批判的な報道を続け、彼女のように殺された記者や協力者らにささげられるべきだと、ムラトフは言う。賞金は重病と闘う子どもらの支援に役立てる考えを明らかにした。

政治家への転身の可能性を問われると「とんでもない。私には世界で最も素晴らしい仕事がある」と、ジャーナリストとして活動を続けると強調した。

プーチン政権は二一年に入り、複数の独立系メディアを外国のスパイと同義の「外国の代理人」に指定していた。八月下旬に、リベラルな報道姿勢で知られ、モスクワなど大都市の中流家庭で人気の有名な独立系テレビ局「ドーシチ」が、「外国の代理人」に指定されたことは衝撃を与えた。イメージ低下で広告が激減し、解散に追い込まれたメディアもあった。今やノーバヤ・ガゼータは自由な調査報道のとりでだった。

ムラトフはこのような危機の中でもユーモアを失わなかった。同紙が今後「外国の代理人」に指定される可能性を問われると、「『平和賞を受賞したスパイメディア』と名乗るのみだ」と一笑。プーチン政権与党が支配する議会は多様な意見を反映していないとして「われわれメディアこそが国民の代表だ」と強調した。

ペスコフ大統領報道官は「ムラトフ氏は才能豊かで勇敢だ」と祝辞を述べたが、政府系テレビは受賞のニュースをほとんど報じていなかった。

プーチンは一〇月一三日、モスクワでの国際会議で、ムラトフについて「外国の代理人」への指定もありうると警告した。「根拠がなければ指定されないが、ノーベル賞を盾に法を犯せばそれは意図的だ」と述べた。平和賞受賞に関してプーチンが言及したのはこれが初めてだった。

授賞式と年末会見

ノルウェー・オスロで2021年12月、ノーベル平和賞の授賞式に出席したドミトリー・ムラトフとマリア・レッサ（Per Ole Hagen／ゲッティイメージズ）

ノーベル平和賞の受賞が決まってから、ノーバヤ・ガゼータ紙には、ロシア各地から貧困や行政の問題を訴える手紙が相次いで寄せられたという。一二月一〇日の授賞式に先立つ九日、ノルウェー・オスロからオンラインで記者会見を開いたムラトフは「ノーベル賞のおかげでわれわれがすべき調査報道の仕事が急増した」と説明した。その上で、「ロシア政府は授賞を歓迎していないが、報道の世界で私たちは評価されている」と強調した。

ロシアでは二一年に入り、ニュースサイト「メドゥーザ」、テレビ局「ドーシチ」など有力な独立系メディアが、スパイと同義の「外国の代理人」に指定された。プーチンはノーバヤ・ガゼータも「外国の代理人」に指定する可能性に言及していた。

一〇日の授賞式でも、ムラトフは「われわれは独裁権力への対抗手段だ」と演説した。ムラトフは、強権的なプーチンの下、国内では反政権派への恣意的な捜査や拷問が横行していると指摘した。記者の使命は事実と作り話を区別することだと力説し、危険を冒してでも権力に立ち向かう役割を果たしていくと宣言した。

一方、プーチンは同二三日、首都モスクワで年末恒例の記者会見を開いた。米欧に接近するウクライナに対し、ロシア軍が侵攻の構えを見せて緊張が高まっている問題について、北大西洋条約機構（NATO）が旧ソ連圏に拡大していることが原因だと改めて強調した。

プーチンは、ウクライナ東部に多く住むロシア系住民に対し、ウクライナ政府が圧力を強めていると主張した。「米欧がウクライナ政府側を支援し、東部地域に兵器を送り込んでいることは容認できない」との持論を繰り返した。

さらに、NATO側は冷戦終結の際の約束に反して東方に拡大し、ロシアを「だました」と非難した。ロシア周辺に米欧などの軍事基地が増えていると強い危機感を示し、軍備拡大をやめるよう改めて要求した。「ロシアは自国の安全を守っているだけだ」として、米欧が求めるウクライナ周辺からのロシア軍の撤収を拒んだ。

会見は新型コロナウイルス流行を受け、参加する記者を五〇〇人余に絞った。政権に批判的な立場を取り、編集長のムラトフがノーベル平和賞を受賞したノーバヤ・ガゼータなどは招待されなかった。

†命を賭ける仕事

国際NPO「ジャーナリスト保護委員会（CPJ）」によると、ノーバヤ・ガゼータのムラトフへのノーベル平和賞授与が決まった二〇二一年までの三〇年で、ロシアでは八〇人以上の記者が殺された。

二一年春、ロシアで話題になったニュースがある。南部チェチェン共和国で、首長（知事に相当）が、一五歳の少女を「第二の妻」にしていたとのスクープだ。児童婚も重婚もロシアで違法なのに、チェチェンでは野放しになっていた。

「社会の不正義から目をそらしたくない。政府寄りの情報ばかり流す国営メディアが幅を利かせる今こそ、私たちの調査報道に価値がある」。こう話したのは記事を書いたマリア・ジョロボワ記者（三三）だ。

チェチェン批判はロシアでタブーだ。ソ連崩壊後、チェチェンの分離独立派とロシア軍との戦いが長く続き、現在はプーチン大統領から絶対的な信任を得た首長が、治安維持を理由に強権を振るっている。「ロシアで最も深い闇」とされるチェチェンに絡み、暗殺・

チェチェンの体制を批判する記事を書いたマリア・ジョロボワ（2021年4月、モスクワで、小柳悠志撮影）

不審死が後を絶たない。

警察は六月、ジョロボワの自宅や所属していた独立系メディア「プロエクト」の関係先を強襲し、パソコンや取材メモを押収した。検察は同メディアを「望ましくない組織」に認定して解散に追い込んだ。訴追の手が迫り、彼女は旧ソ連構成国のジョージア（グルジア）に逃げた。祖国の土を踏めなくなる可能性も覚悟のうえだ。独立系メディア「メドゥーザ」に転職し、ペンをその手に取り戻した。

体制の闇に迫り、国を追われた彼女にあえて聞いてみた。「報道は命を賭すほど大切な仕事ですか？」

答えはこうだった。

「政権は記者を脅せば、不都合な記事が出なくなると勘違いしている。私は真実を多くの人に伝えたいから、記者以外の仕事に就くのは考えられない」

記者になった経緯については、「子どもの頃、ロシアでは批判精神にあふれた新聞や雑誌がたくさんあり、おのずとジャーナリズムに憧れた」と振り返った。

しかし、現在、独立系メディアは政権の方針を垂れ流す大手メディアに対抗できるのか。そう問いかけると、「野党指導者が権力者の腐敗ぶりを告発した動画は、膨大な再生件数が出た。価値のある調査報道も多くの人の関心を呼ぶ。ただ政府系メディアの影響力は大きく、ロシアのジャーナリズムの変革は難しい」と率直に話した。

3 侵攻

†言葉を奪う

二二年二月二四日、ロシアによるウクライナ侵攻が始まった。

ロシアの情報管理当局は二六日、国内メディアに対し、プーチンが二四日に実施を命じたウクライナでの軍事作戦を「戦争」や「侵攻」と表現することを禁じる通達を出した。違反した場合は最大で五〇〇万ルーブル（約六九〇〇万円）の罰金を科す内容だった。

検事総局から要求を受けた通達で、既に「戦争」や「侵攻」という言葉を用いていた独立系メディアや政府系メディアを名指しで非難した。この中に、ノーバヤ・ガゼータ紙も含まれていた。

外国メディアの記事をロシア語に翻訳して引用する際も、原文にある「戦争」や「侵攻」などを使ってはならないようだった。当局は声明で「メディアは信頼できる、現実に即した情報を流布するように」と、翼賛報道を求めた。大規模戦闘の実態や、プーチンの覇権拡大の意図を隠す狙いとみられた。ロシア軍によるウクライナ侵攻以降、ロシア当局はメディア統制強化を急いでいた。

ロシア情報当局は三月一日、広い視聴者層を持つ独立系テレビ局「ドーシチ」とソ連以来の独立系ラジオ局「モスクワのこだま」の放送とサイトを遮断した。ウクライナでの軍事作戦を「侵攻」「戦争」と表現し、公式発表以外の情報も伝えたためだ。

欧米メディアがウクライナ主要都市からロシア軍侵攻による被害実態を伝えるなか、ロシアの国営放送は「軍は軍事施設だけを攻撃し民間人に犠牲者はいない」と主張していた。

侵攻が始まってすぐ、ノーバヤ・ガゼータ紙サイト上での声明で、ムラトフは「(政権内に) 戦争を止める人は誰もいない。それゆえに、われわれは悲しみと共に恥を感じている」との心境をコメントした。

声明では「最高司令官(プーチン)は手の中で、車のキーのように核のボタンを回している」と激しく批判した。核戦争の恐れを指摘した上で「ロシア人の反戦運動だけが、この地球上の命を守ることができる」と述べ、ウクライナ侵攻に反対するよう人々に呼びかけた。

侵攻開始後、ムラトフは「ロシア政府は、プロパガンダを自国にとどまらず、世界中にまき散らしている」とも非難し、ウクライナとの連帯を示すため、両国語を併記した特別新聞を発行した。

ロシア当局はSNSなどネット空間の規制も強め、四日にはフェイスブックへのアクセスを遮断したと発表した。現地メディアはツイッターも遮断されたと報じた。戦況の詳細を伝えるウクライナ側の情報をブロックする狙いとみられた。

さらにプーチンは四日、軍についての「偽情報」を広めた場合に最長で懲役一五年を科す法案に署名し、同法は発効した。英BBC放送や米ブルームバーグ通信などは記者や編集スタッフの安全確保のため、ロシアでの取材活動を同日から一時的に停止することを決めた。

†発行中止へ

二〇二二年三月六日、ロシア各地でウクライナ侵攻に抗議する反戦デモが行われた。人権団体OVDインフォによると、六九の町で約五〇〇〇人が拘束された。

OVDインフォは通信アプリ「テレグラム」に、警官が警棒でデモ参加者を殴ったり、デモ参加者が顔から血を流したりしている様子の写真やビデオを投稿した。著名な人権団体「メモリアル」幹部のオレク・オルロフ（六八）や、ノーベル平和賞候補として名前が挙がっている人権活動家スベトラーナ・ガヌシュキナ（八〇）も拘束された。

二二日、ムラトフは前年に受賞したノーベル平和賞のメダルをオークションにかけ、競売で得た資金をロシアの侵攻で苦しむウクライナの支援に役立てると発表した。

ムラトフは即時停戦、両国による捕虜返還、安全な場所への住民退避と避難民援助の必要性を訴え、「負傷した人や病気の子どもたちに対するあなたの思いを他の人と共有しよう」と呼びかけた。

しかし、ムラトフ率いるノーバヤ・ガゼータ紙は二八日、「軍事作戦」終了まで新聞発行と電子版記事掲載を中止すると発表した。

メディア監督当局は同日、同紙が国が定める編集規定に違反したとして、侵攻開始後二度目の警告を出していた。ムラトフが発行中止を決めたのは、記者らが訴追される可能性が高まっているからだった。ソ連末期に始まった「報道の自由」の歴史が完全に幕を閉じる恐れが強まっていた。

著名ジャーナリストのセルゲイ・コルズンは「当局がいつノーバヤ・ガゼータを休刊に追い込むか、誰もが注目していた。法令違反は方便で、政府の公式見解と異なることを報じる新聞の存在を許せなかったからだ」と強調した。

ノーバヤ紙は自由な報道のともしびを消すまいと腐心し、電子版記事から「戦争」という二文字をあえて削除した。それでも政権は「独立した報道」の存在を許さなかった。「ウクライナのゼレンスキー政権はネオナチの集まり」と主張してきたプーチンの足元で、排外的な風潮が広がりつつあった。

四月七日、ノーバヤ紙は、ムラトフが列車内で何者かに赤い塗料を掛けられたと発表した。ウクライナ侵攻への批判を続けてきたムラトフへの脅迫とみられた。タス通信によると警察は八日、犯行に関与した疑いで男性一人を拘束した。ムラトフによると、モスクワ発の寝台列車で、何者かがコンパートメントに入り、油性の塗料をまき散らしたという。ムラトフは目に痛みを訴え、降車後に病院で治療を受けた。

また現地報道によると、「モスクワのこだま」の編集長でユダヤ系のアレクセイ・ベネディクトフの自宅に、「ユダヤの豚」と書かれた紙と豚の頭が置かれた。

休刊になったノーバヤ紙の記者らは七日、新メディア「ノーバヤ・ガゼータ・ヨーロッパ」を設立したと発表した。SNSを利用して、政権と距離を置いた報道を続ける方針だった。初代編集長にはノーバヤ紙で副編集長を務めた政治学者キリル・マルティノフ（四〇）が就任した。

†大胆な抗議と脱出

戦時下の強烈な言論統制の中、果敢な行動が世界を驚かせた。ロシアの政府系テレビ「第一チャンネル」で二〇二二年三月一四日、ニュース番組の放映中に職員の女性が突然スタジオに入って「戦争をやめて」と訴えた。

女性は、第一チャンネルの編集担当者マリーナ・オフシャンニコワだった。ソ連時代から続く看板ニュース番組「ブレーミャ」で、アナウンサーの背後に現れ「戦争反対」「プロパガンダを信じるな」「（この番組は）あなた方をだまそうとしている」と書かれた紙を掲げた（二章扉）。番組は数秒後、無関係の病院の映像に切り替わった。

一五日午前にはSNSで、事前収録した動画を公開し、オフシャンニコワは「この狂気を止めるにはロシア人の力しかない」と訴えた。父がウクライナ人、母はロシア人だと明かし「ウクライナで現在起きていることは犯罪でロシアは侵略者だ」と説明した。ウクライナのボロディミル・ゼレンスキー大統領は「真実を伝えようと、（ロシア政府の）偽情報と戦うロシアの人たちに感謝する」と述べ、謝意を示した。

オフシャンニコワは拘束され、裁判所から一五日、無許可で抗議活動をしたとして罰金三万ルーブル（約三万三〇〇〇円）の支払いを命じられ、釈放された。

年	月	
1990	3	ゴルバチョフがソ連初代大統領に（91年12月まで）
1991	8	ソ連共産党守旧派のクーデター未遂
	12	ソ連消滅。ロシア、ウクライナなど15カ国が独立
2000	5	プーチン大統領就任（08年5月まで）
2012	5	プーチン再び大統領に
2018	3	英国で元ロシア情報機関員襲撃事件
2019	5	上院議長の去就に関する記事で記者解雇騒動
	6	独立系メディア記者を麻薬密売容疑で逮捕
	12	改正マスコミ法発効
		大統領年末会見で不興買った記者クビに
2020	2	独立系メディアが独自記事を同時配信する連合結成
2021	4	有力学生新聞を家宅捜索
	6	チェチェン報道の記者宅などを捜索
	10	ノーベル平和賞発表。レッサとともにムラトフ受賞
2022	2	ウクライナ侵攻開始。「戦争」や「侵攻」の表現禁止
	3	政府系テレビで女性職員が反戦の紙掲げる。その後亡命
	4	ムラトフが列車内で塗料掛けられる

ロシアの報道を巡る動き

英BBC放送によると、裁判所を出たオフシャンニコワは報道陣の取材に「取り調べは一四時間続いた。家族や弁護士にも連絡できなかった」と答え、番組内での抗議について「ロシアが侵略を始めたことが嫌だった。自分一人で考えて決めた」と述べた。

その後もロシアに留まり続けたオフシャンニコワだったが、結局は国を離れ、フランスに亡命した。二三年二月一〇日にパリの「国境なき記者団（RSF）」

本部で記者会見し、極秘裏に進められた出国の様子を語った。

仏メディアが報じたところによると、オフシャンニコワは二二年一〇月初旬、軟禁中だったロシアの自宅を出た後に消息を絶った。生放送中の抗議は罰金刑で済んだが、七月にクレムリン（大統領府）前で「プーチンは殺人者だ」などと書かれた紙を掲げる動画を公開し、虚偽情報を拡散させたとしてロシア当局に起訴されていた。

判決予定日が数日後に迫り、弁護士から「逃げて。命を守って」と助言を受け、RSFの助けで出国することを決めたという。治安当局員らが飲酒に出るため監視カメラのチェック態勢が緩くなる金曜夜を狙い、娘を連れて自宅を出た。

国境付近では警備の目を逃れるため車を降り、森に隠れた。夜空の星で方位を確認しながら何時間も歩き、協力者が待つ国境にたどり着くことができた。

仏テレビ番組にも出演したオフシャンニコワは、危険を覚悟でプロパガンダを糾弾した自身の行動に後悔はないとした。ロシア政府を信じる母親や息子と疎遠になり、自宅や職を手放したといい、「真実を語るため、私はすべてを失った。今は、ゼロからやり直さなければならない」と語った。

ロシアメディアに、オフシャンニコワに追随する動きはなかった。侵攻から一年余りが過ぎ、ロシア軍の被害が甚大になる中でも、政権に方針変更を迫るような報道は見られない。プーチン政権は侵攻以前から、閉鎖命令や身柄拘束などをちらつかせ、徐々にメディアの「牙」を抜いてきた。国内メディアから批判を受ける恐れがなかったことも、プーチンを侵攻に突き進ませた一つの要因といえるかもしれない。

影響力の少ない独立系メディアや、インターネット上の反政府的な報道を、政権は「ガス抜き」として黙認してきた部分もあったが、侵攻後はその余地もまるでなくなった。ロシアのメディアが自らの言葉を取り戻す日が、いまは見通せない状況だ。

第 3 章

中国

コロナ対共産党の主戦場

中澤穣

中国当局が武漢市で主催した「新型コロナとの闘い特別展」で、習近平の貢献を強調する展示を見る人々（2020年12月8日、中澤穣撮影）

1 「自媒体」の時代

†言論の自由元年?

中国の二〇二〇年は、世界で初めての新型コロナウイルスの流行とともに幕を開けた。中国湖北省武漢市が厳しい都市封鎖下にあった同年二月中旬、北京の著名人権活動家、胡佳(四六)はコロナ禍が中国社会にどんな影響を与えるかという筆者の質問に対し、こんな期待を口にした。「市民が言論の自由の重要性に気づいた。二〇二〇年は将来、「言論の自由元年」と呼ばれるかもしれない」

胡の念頭にあったのは、「原因不明の肺炎」の危険性にいち早く警鐘を鳴らした眼科医、李文亮だ。中国当局は李ら医師八人を処分したほか、李の同僚医師にインタビューした記事などもネット上から徹底的に削除した。しかし二〇年二月七日、李が新型コロナに感染して三四歳で死去すると、中国のSNSは李の追悼文などで埋め尽くされた。「健全な社会は一つだけの声になるべきではない」。李が生前、中国メディア「財新」に語った言葉が繰り返し引用され、共産党が流す一つの価値観しか許されない現状への怒りも語られた。

新型コロナ流行の最初期、中国当局がとった主要な防疫対策は情報統制だったといえる。李に対する処分に象徴されるように、人から人への感染が起きていることなどの情報は封じ込められた。その結果、武漢では新たな感染症に対して何の備えもできず、感染の急速な広がりになすすべなく医療体制が完全に崩壊してしまった。

中国当局に残された手段は武漢を都市封鎖するしかなかった（このころはまだ「ゼロコロナ対策（清零政策）」という言葉はない）。犠牲になったのは市民だ。厳しい行動制限を課された武漢市民は自宅などに閉じ込められ、医療物資や食料も不足した。封鎖下の武漢市民は世界から隔絶されたようになり、未知のウイルスの恐怖におののきながら自宅などで息を潜めるしかなかった。二〇一九年の年末に李らが鳴らした警鐘が広く社会に行き届いていれば違う結果になったはずだという思いは、二〇二〇年春の時点では中国に暮らす多くの人々に共有されていた。

こうした現実を目の当たりにし、知識人だけでなく一般の中国人の間にも「報道の自由の有無は自分たちの命に直結する」という認識が急速に広まった。正確な報道や情報発信を認める言論の自由がなければ、自分たちの生命や生活が脅かされるからだ。

高まる市民の反発に、習近平指導部も強い危機感を抱いたとみられる。中国共産党中央弁公庁は二〇二〇年四月に「（役人は）上を喜ばせるために民衆を失望させるな」との通知を出した。過剰な情報統制をいさめる内容と受け止められ、新型コロナ禍を機に統制が緩和されることを期待させた。胡が言うような「言論の自由元年」を夢見みた知識人やメディア関係者は少なくない。ネット上でも自由に物を言う雰囲気が一時的に広がり、一九五六〜五七年に人々が自由に意見を表明した「百家争鳴」を思わせるとの声まであった。

しかし胡はこの時の取材に、こんな憂慮も示していた。

「言論の自由とは、すなわち政府を批判する権利だ。政府も今回、言論の自由がもたらす影響の大きさを再認識した。将来は言論統制がさらに強まる可能性がある」

実際、胡に取材した二〇年二月中旬の時点ですでに揺り戻しが始まっていた。武漢入りした記者のほか、病院や葬儀場の様子をネット上で書き込んだり、動画を流したりした市民まで次々に拘束されていた。ネット上で注目を集めた調査報道や書き込みなどは早ければ一時間もたたずに削除されていた。都市封鎖されていた時期の武漢に出張するのはほぼ不可能だったため、ネットを通じた情報収集は以前にも増して重要となったが、当局による削除との追いかけっこのようだった。

米中対立の激化も影を落とした。新型コロナの発生源として中国の責任を問う声が米国などで高まるにつれ、共産党政権は当局の責任を追及する言論を徹底的に抑える姿勢を強めた。一時は政府の統制に反発していたネット世論も、当時米大統領だったドナルド・トランプが「武漢ウイルス」などと呼んで中国への攻撃を強めると風向きが変わってしまった。少し遅れて感染が拡大した欧米が有効な対策を打ち出せない中、少なくとも中国国内では中国政府の強硬な防疫対策が見直されるようになった。習指導部がやむにやまれず始めた武漢の都市封鎖は、「成功モデル」として上書きされた。習指導部が民族主義的な情緒を巧みにあおったこともあり、欧米に反発する論調が高まった。

中国の言論状況はこの後、胡が示した期待と憂慮のうち、憂慮のほうに沿った形で展開した。二〇年は中国の「言論の自由元年」ではなく、「言論統制強化X年」となってしまった。しかもこの時の統制強化の波はかなり強力だった。

†コロナ前から統制強化

新型コロナ禍にともなう言論統制の強化をみる前に、コロナ前の中国の言論状況を振り返っておきたい。二〇一二年の習近平指導部発足以降、メディアへの締め付けは急速に強まっていた。転機の一つは、習指導部発足からまもない一三年一月、広東省の週刊紙「南方週末」の新年の辞が、同省共産党組織の宣伝部の事前検閲によって書き換えられた事件だ。当初は「中国の夢、憲政の夢」の見出しで憲法に基づく政治や報道の自由を訴える内容だったが、共産党の統治を賛美するものに差し替えられた。

その数カ月後には、報道の自由を含む七項目を教えることを禁じる「七不講（七つの語るべからず）」が全国の大学に通知された。胡錦濤前政権下で少しずつ拡大していた報道や言論の自由は、習指導部の発足後は強い逆風にさらされた。官製メディアは言うに及ばず、当局と一線を画した独自報道を展開していた各地の都市報（大衆紙、北京の「新京報」など）や雑誌などにも統制が強まり、自由に報道できる空間は急速に狭まった。

新聞や雑誌などの伝統メディアは経営難も重なり、若くして職を離れる記者は後を絶たない。給料は安く、仕事は制限ばかりで書きたいことは書けない。あこがれて記者になっても数年で一般企業の広報などに転じるケースは少なくない。そのため中国の記者は総じて若く、三〇歳を過ぎればベテランに数えられる。

「私もかつては一生、記者を続けるという夢を抱いていたけれども……」。コロナ禍で久しぶりに会った三〇代前半のある雑誌記者はさみしそうにつぶやき、北京を離れて郷里に帰っていった。社会問題に鋭い感性を持ち、人脈も広い優秀な記者だった。しかし取材をして記事を書いても、上司の指示や当局の通知によって発表できないことが日常茶飯事だったという。

ところで、中国ではどのような報道が規制の対象となるのか。共産党政権や指導者に対する批判はいうまでもなく、過去の出来事についての党と異なる解釈も許されない。

重要なのは「正能量」(プラスのエネルギー)という独特の概念だ。共産党の統治をたたえ、中国社会の良い面に目を向け、経済の先行きには楽観的な見方を伝える。そんな前向きな報道を指す。

対義語は「負能量(マイナスのエネルギー)」だ。社会の暗部や不正のほか、事件事故や災害における被害者の苦しみ、中国経済の将来への悲観的観測なども「負能量」とみなされて報道規制の対象となる。社会が抱える問題を批判的にとらえる報道は、共産党の統治に対する批判に結びつきやすいだけでなく、人々の不満や不安を増大させ、社会の不安定化を招きかねないと考えられている。当局が、新型コロナの流行最初期に感染拡大の実態を隠そうとしたのも、間近に迫っていた春節(旧正月)の祝賀気分に水を差す「負能量」のニュースとみなしたのが一因だろう。

少し話がそれるが、「負能量」の一種として、被害者に関する報道が制限されていることが、中国人の考え方や価値観に与える影響は小さくない。災害や事故の発生は中国でも報道されるが、その足下の被害者の苦しみは負能量とみなされてほとんど伝えられない。日本では災害報道といえば、まず被害者の苦しみや悲しみから入るが、中国では政府や軍が派遣した救助隊の活躍から始まる。怪獣が暴れるより先にウルトラマンが活躍し始めるような感覚だ。

こうした報道の副作用として、多くの中国人は被害者の存在や苦しみに想像が及ばなくなっている。そのため、対立している米国や日本で災害が起きたときに、中国のネット上で「もっと死ねばいい」というような他者の不幸を喜ぶ書き込みが日立つことになる。こうした書き込みをたしなめる声もあると大いに強調したいが、少数派であることは間違いない。報道規制の罪は大きい。

†自立した声をあげる

当局の統制が新聞やテレビなどの伝統メディアの隅々まで及ぶ一方、中国でも多数の個人や草の根の民間団体がネットを通じて情報を発信するようになった。「自媒体（自己メディア）」と呼ばれ、微信（ウェイシン）、微博（ウェイボ）などさまざまなSNSを舞台に、報道や言論の担い手となった。

そうした自媒体のひとつである「NGOCN」は二〇〇五年に雲南省昆明で創設され、一三年に広東省広州市で非政府組織として登録した。このころから、ホームページや多様なSNSを駆使して、性差別や貧困などをテーマにした記事を発表している。

筆者が取材した一八年当時、NGOCNはSNSの各アカウントに、一〇万人規模の読者を引きつけていた。専従の五人が取材や編集を担っていたほか、数十人の非常勤の記者や編集者が中国各地にいた。資金は寄付などでまかなう。広州市のビル一室の小さな事務所を訪れると、こぢんまりとした室内にパソコンが数台置かれていた。失礼ながら雑然とした様子は日本の新聞社の地方支局を思わせ、親近感がわいた。

「今は自媒体の時代だ」。NGOCNを率いる呉麗嵐（三二）は力強く話し、「社会問題を深く掘り下げる報道は、市民社会の発展に貢献できると信じている」と意義を語っていた。NGOCNのホームページには今も、「使命」として「独立发声、促进社会变革（自立した声を上げ、社会変革を促す）」と掲げている。

NGOCNはこの年、性暴力の被害者が名乗り出る#MeToo運動を積極的に取り上げた。民主化を求める運動や、法律を通じて社会の変革を促す公民運動などが当局の圧力によって中国での影響力をほとんど失った一方、女性の権利を訴えたり、男女差別の視点から社会を変えようという動きは中国に変化をもたらしうる数少ない分野といえる。NGOCNは、#MeTooを含めて女性をめぐる問題に果敢に挑んできた。

また、北京市政府が「低端人口（低ランク人口）」と呼ぶ低賃金労働者らを集合住宅から強制退去させ、市内から追い出そうとした問題にも切り込んだ。この記事では「（一七年に大規模な強制退去があった）冬になると、路頭に放り出された記憶がよみがえる」「私たちは低ランクなんかじゃない。同じ人間だ」などと訴える労働者一五人の言葉を記録に残した。

最近では、厳格な防疫措置「ゼロコロナ」政策に抗議した二二年一一月末の「白紙運動」についても、当局が拘束した参加者らの友人や知人への取材を通じて、当局による統制強化の実態に迫った。

†自媒体への逆風

しかし、NGOCNが伝える報道は、中国当局が「負能量」などとして規制の対象にする内容が多く含まれる。こうした報道を放置しておくほど中国当局は甘くない。

一八年秋には自媒体に強い逆風が吹いた。国家インターネット情報弁公室は同年一〇月二〇日から「自媒体の無秩序状態に対する集中整理プロジェクト」を開始し、翌一一月一二日までに九八〇〇以上の自媒体を閉鎖させたと発表した。このときの管理強化によって、NGOCNも微信（ウェイシン）と微博（ウェイボ）の計四アカウントが使えなくなった。「読者の支持がある限り、私たちは消し去られたりしない」。閉鎖直後、ネット上に出した声明には悲壮感がにじんだ。

弁公室の発表によると、大量閉鎖の理由は「政治的に有害な情報、悪意を持った党史国史の改竄、英雄を傷つける、国家イメージに泥を塗る、デマを流す、低俗で性的な内容を含む、公序良俗に反する、青少年の健全な成長を害す……」などとされた。閉鎖された自媒体は、性的な内容を含むものから、投資や歴史、社会問題を扱うものまで幅広い。

発表は「自媒体は法律の番外地ではない」と宣言し、各自媒体に対して「自分の義務を履行し、正能量を積極的に広め、社会主義核心価値観を発揚させ、法律や規則に基づいて運用する」ことなどを求めた。共産党の統治の障害となりかねない言論は許さないという姿勢を鮮明にしたといえ、発表は「今回のプロジェクトによって自媒体は法治化、規範化、制度化の軌道に入った」と成果を自賛した。

自媒体を対象にした締め付けは、このときを含む何度かの波を受けて徐々に強化されている。SNSなどの自己規制も強まっている。たとえばウェイボは毎週「政治的有害情報処理公告」を出し、閉鎖した「有害」アカウントを公表するようになった。

NGOCNの呉は当時、「ネット上での政府の管理は常にある」と指摘していた。アカウントは何度も閉鎖されたことがあり、そのたびに新しいアカウントをつくってゼロから読者を増やすしかない。

NGOCNは現在、中国国内のSNSでは発信が難しい状況にある。テレグラムやツイッターなど主に国外のSNSに頼り、記者や編集者の署名も匿名となっている。知り合いの中国人に「NGOCNのこの記事が面白かった」と話したところ、「実は私が書いたんですよ」とささやかれて驚いたこともある。後に記すように、当局の意に沿わない報道に関われば、拘束と隣り合わせの危ない橋を渡ることになる。

†言論をめぐる争奪戦

一八年一一月には中国紙「甘粛日報」の評論がちょっとした話題となった。三日連続で掲載された評論は「幹部を含む党員が党の刊行物を読んでいない」と批判する内容だった。インターネット時代となって情報を得る手段が多様化していることへの警戒感をあらわにし、「党刊行物は正確で信頼できる情報が得られ、党員は頭脳を武装できる」と訴える。ちなみに本章で「官製メディア」という場合、おおむね党刊行物を指す。人民日報は中国共産党中央委員会の機関紙であり、甘粛日報は甘粛省共産党委員会の機関紙だ。

少し蛇足だが、中国特派員に限らず日本人記者には「紙好き」が多い。筆者も紙の新聞のほうが読みやすく感じ、記事の扱いの大きさも含めて紙の新聞で確認したくなる。中国の新聞は値段が安く、党の各部門が発行するため種類が多い。そのため北京に駐在する日本メディアのオフィスには毎日、大量の新聞が届けられる。

しかしこうした風景は、中国ではすでにかなり奇特なものにうつるらしい。ある朝、新聞の束を抱えてエレベーターに乗ると、同じ建物で働く中国人に「本当にそんなものを読んでいるのか」と笑われたことがあった。中央省庁の公務員も「職場の隅には誰も読んでいない官製メディアの新聞や雑誌が山積みになっている」と話していた。

結果として、どこの官製メディアも紙の新聞や雑誌、あるいはテレビなどは重視せず、デジタルファーストの方針が徹底している。独自のアプリを作り、ウェイボやウェイシンなどのSNSにアカウントを設け、動画配信にも力を入れる。

共産党政権ならではの後押しもある。中国のニュースアプリではすべて、一番上の見やすい位置に習近平ら党中央の動向など党が宣伝したい官製メディアの記事が掲載される。ウェイボでは、当局による閲覧ランキングの操作は誰もが知るところだ。それでも読者や視聴者の獲得は容易ではなく、市民への浸透という意味では心許ない。中国人は一般的に政治への関心が薄いということも背景にあるだろう。民主主義国家と異なり選挙など意思表示の方法がなく、政治に関心を持ってもそれを変えることはほぼ不可能だ。必然的に政治への関心が薄くなり、官製メディアの報道に興味を持たない。

ある地方メディアの元記者は「人民日報や中国中央テレビなど中央のメディアはともかく、地方の官製メディアはだれも見ていない。どこも台所事情は厳しい」と打ち明ける。地方の官製メディアでは給料の支払い遅れも珍しくない。この元記者も三年前の給料が退職前にようやく振り込まれたと苦笑していた。

中国共産党はあらゆるメディアを自らの「喉《のど》と舌」＝広報宣伝装置と位置づける。しかし情報技術の進展に合わせ、党も宣伝や情報統制の戦術の修正を迫られている。宣伝工作の主戦場は、いまやインターネット上にある。動画やスマートフォンのアプリ、ゲームソフトなどにも大規模な規制強化の波が次々に押し寄せている。

二〇二一年一一月に採択された「第三の歴史決議」では、「文化建設」の成果として以下のような記述がある。

（党は）伝播手段の建設とイノベーションを高度に重視し、ニュースや世論の伝播力、指導力、影響力、信用力を高めた。党中央はインターネットという関門を通らなければ、長期執政という関門も通れないということを明確にした。党は、イデオロギー闘争の主戦場で最前線であるインターネットを高度に重視している（傍線は筆者）。

二二年八月の党中央宣伝部の記者会見では、「関門」の下りにある「党中央」は総書記の習近平その人だと明らかにされた。ここでの「長期執政」は字面を追うと「共産党による長期執政」という意味ととるのが自然だろうが、「習自身の長期執政」とも理解できる。先の元記者は言う。「ネット上で政府が統制を強めているのは、自分たちの宣伝が人民に行き届いていないことへの危機感の裏返しでもある。政府か、民間か、言論をめぐる争奪戦が起きている」

しかしこの争奪戦は、コロナ禍を経て「民間」がだいぶ後退してしまった。

2 コロナをめぐる戦い

†「偉大な勝利」を宣伝

新型コロナが湖北省武漢市で流行した二〇年に戻る。武漢市では都市封鎖が解除された後、当局主催の「新型コロナとの闘い特別展」が数カ月にわたって開催された。中国当局による防疫措置がいかに優れているかを振り返るこの展示はこんな一文から始まっていた。

「一月七日　習近平が感染対策を指示した」(三章扉)

しかし指示の内容については全く触れていない。習近平自身が二〇年二月半ばに公表された党理論誌「求是」の電子版で「一月七日に党政治局常務委員会議で、新型コロナウイルス肺炎の防疫措置について要求を出した」と記述しているものの、具体的な指示の内容はやはり不明だ。一月七日直後にはこうした発表はなく、習は一月にはミャンマーへの外遊や雲南省への視察にも訪れている。少なくとも二〇年一月の時点では、習政権が新型コロナを軽視していたことは間違いないだろう。

しかし中国当局は、コロナの流行が落ちついた二〇年春から「習近平が防疫対策を自ら指揮し、新型コロナとの戦いに偉大な勝利を収めた」という宣伝工作を大々的に展開していた。この展示もその一環といえる。さらには二一年一一月に採択された歴史決議においても「党中央は人民至上、生命至上を堅持して重大な戦略的成果を収めた」と盛り込んだ。「コロナに対する偉大な勝利」は中国の正史に刻み込まれたといえる。

一方で二〇年春ごろ、情報隠蔽など新型コロナへの初期対応をめぐり、国外から激しく批判され、国内でも不満がくすぶっていた。「習近平の指導によって中国がウイルスに勝利した」という当局が認定した歴史観を死守するため、中国当局は情報統制の緩和ではなく、統制強化によって対応した。武漢の都市封鎖の最中から「空前の情報統制」(北京の大学教授)がしかれた。

標的となったのは、真実を伝えようとした記者たちだ。武漢では二〇年一月に新型コロナが蔓延して以降、現地の惨状を伝えた記者が少なくとも三人拘束された。

†「暗黒とともに生きるのを望まない」

元弁護士の市民記者、張展（三七）はその一人だ。二〇年二月三日、都市封鎖が始まったばかりの武漢に入り、患者が廊下にあふれる病院や、夜も明かりが絶えない火葬場、当局を非難して軟禁された市民などの状況をインターネットで伝えた。配信した動画で張は憲法が保障する「言論の自由」に何度も言及し、感染対策を口実に法的根拠を示さないまま人々の権利を制限する当局を批判した。

二三年になっても残る張のツイッターからは、政府の対応に対する強い憤りが伝わる。「有効な医療や、医療物質の分配、透明な情報、人権保護がどれもない。政府の現在の防疫措置はまったくの間違いだ」。ツイッターには当局者による尾行などの監視を受けているとも書き込まれている。

新型コロナウィルスが蔓延する現状を伝え、中国当局に拘束された張展（王剣虹さん提供）

張は五月半ばに拘束され、九月一五日に社会秩序騒乱罪で起訴された。そして一二月二八日、同罪で懲役四年の判決を受けた。

張は拘束の翌月から、上海市の留置場でハンガーストライキを始めた。判決を控えた同年一一月に取材に答えた張の弁護士によると、ハンストを続ける張に対し、留置場の当局者はのどに無理やり管を挿入して流動食を摂取させた。常に両手を動かせない状態で、運動も許されないという。弁護士は「（張は）何も違法なことはしておらず、無実だと主張している。健康状態はとても悪い」と話していた。

その後も張はハンガーストライキを断続的に行い、体重は逮捕前から半減した。一七七センチの長身にもかかわらず、一時は四〇キロを下回った。

なぜハンストを続けたのか。張への支援を訴えていた英国在住の人権活動家、王剣虹がオンライン取材に答え、張の言葉を伝えてくれた。

「身の回りで起きた罪悪と不正義を無視できない。この社会で生きる人々の苦しみを座視できない。うそや欺瞞を受け入れられない。暗黒とともに生きることを望まない」

張は自らを危険な状況に追い込みながらも、「真偽不明の情報を流し、社会を混乱させた」とする起訴内容や判決への抗議を続け、「命をもって当局の罪を糾弾する」（王）姿勢を貫いた。ハンストによって衰弱し、二〇年一二月の公判には車いすで出廷した。

判決後は上海市内の刑務所に収監されたが、家族との接見などはコロナ対策を口実に厳しく制限された。二一年八月二日、張の母、邵文俠（六五）はほぼ半年ぶりに娘の声を聴いた。健康を案じ、食事をとるように勧める邵に対し、張は電話口で「罪を認めない。なぜなら無実だから」とハンストを続ける決意を話したという。

邵によると、張は胃潰瘍と逆流性食道炎を患い、自力で立ち上がれなくなった。二一年八月上旬には体調が悪化したため、刑務所内の医療施設に一一日間収容されたこともあった。王によると、施設内でもやはり四肢をベッドに縛り付けられ、管をのどに挿入して無理やり流動食を流し込まれたという。

張の家族らは当局に対し、保証人を立てて一時出所し、入院する措置を求めたが、実現していない。王は「ハンストをやめて罪を認めるという政治的な取引に応じることが事実上の条件」と指摘する。懲役一一年の服役中に一時出所した入院先で死亡したノーベル平和賞受賞者の人権活動家、劉暁波らを例に挙げ、「多くの政治犯は手遅れになるまで十分な医療を受けられない」と訴えた。二二年末の時点で、なお張の健康状態はよくないという。

†「境外勢力と結託」

新型コロナが世界に広まった二〇二〇年、トランプ米政権は、感染を広げた中国の責任を繰り返し批判した。たとえば、マイク・ポンペオ国務長官は同年三月の記者会見で「中国政府は（ウイルスの）危険性をすぐに明らかにする特別な責任があったのに、とんでもない時間をかけた」と指摘した。

米国で新型コロナが流行した責任を逃れるため、トランプ政権が「中国に汚名を着せようとしている」（当時の中国外交トップ、楊潔篪・共産党政治局員）という反論は、あながち的外れでもないだろう。しかし中国当局の対応は情報公開の透明性を高める方向ではなく、反西側、特に反米感情をあおる方向に向かった。「戦狼外交」と呼ばれるような対外強硬姿勢が鮮明になり、中国社会には排外主義的な雰囲気が広がった。

こうした雰囲気は、中国国内で取材する中国人記者らにも影響が及んだ。象徴する言葉が「境外（国外）勢力」だ。中国当局の防疫措置を批判するような報道（負能量の報道）に対し、官製メディアやネット上などで「境外勢力と結託している」などと非難を浴びた。武漢在住の作家方方が都市封鎖下で思いをつづった「武漢日記」は日本でも有名になったが、中国国内で浴びた最も典型的な批判は「境外勢力との結託」だ。武漢の実情を伝えようとした張にも、このレッテルが張られた。冒頭の胡佳が期待したような報道の自由を求める思いは、排外的な愛国主義にかきけされた。

3　真実を歴史に

言わずもがなだが、張が命をかけて伝えた報道は中国国内からは基本的に見ることはできない。ユーチューブには張の動画が二三年になっても残るが、中国国内のSNSには跡形もない。

†改竄にあらがう

中国のネット上では、当局への批判はすぐに削除され、書き込んだ人のSNSアカウントは凍結される。ツイッターやLINE（ライン）など中国発ではないSNSの多くは使えない。中国では多くの人がネット上で面白い内容を見つけたらまず保存する。そうしないと読んでいる間に当局によって消され、続きを読めなくなってしまう恐れがあるからだ。歴史の改竄は、真実をネット上から消し去るという当局の日々の作業が土台となっている。

改竄にあらがうには真実を記録に残すしかない。

SF小説の巨匠アイザック・アシモフの作品に「ターミナス（中国語では端点星）」という銀河系辺縁の惑星が出てくる。人類のあらゆる知識の避難所が置かれたというその惑星の名前を冠し、中国のネット上で活動するグループがあった。

「ターミナスは忘れ去られた声を記憶する。ターミナスは永遠に忘れない」。このターミナスグループはこんな目標を掲げ、中国当局の検閲でネット上から削除された情報や報道を保存し、誰でも見られるようにしていた。情報統制にあらがい、歴史の改竄を防ぐため、ネット上に「真実」の避難所を開設したといえる。

関係者によると、一八年四月から約二〇人が関わり、新型コロナに関する報道や情報のほかにも、大学教師による性暴力や左派学生による労働者支援に関する文章など約六〇〇本を保存していた。新型コロナに関するものは二〇年春の約三カ月ほどの間に約一〇〇本に達した。いずれも当局が情報拡散を抑えつけた事案だ。

ネット上にはターミナスのこんな自己紹介文もあった。「言論検閲と情報統制への抵抗が唯一の目標だ。現状に不満のある人は誰でも参加できる」

しかし二〇年四月一九日、ターミナスの活動に関わったとされる蔡偉（二六）と陳玫（同）、蔡の恋人女性の計三人の連絡が取れなくなった。

当時、インドネシアに滞在中でオンライン取材に応じた陳の兄、陳堃（三三）は、四月に弟の会社関係者から連絡がつかないという知らせを受けたという。蔡の家族が委託した弁護士はこのころ、「当局はどこに拘束しているかも教えない。わざと情報を隠し、関係者を不安にさせている」と憤っていた。弁護士らはいくつもの警察署や司法機関などを訪ねたが、家族が正式な通知を受けるまでの約二カ月間、陳と蔡の二人がどこに拘束されていたのか、まったくつかめなかった。家族に通知がきたのは、六月一二日に陳と蔡が公共秩序騒乱容疑で逮捕された後だった。恋人女性は関与が薄いとして短期間で拘束を解かれた。

ターミナスは、新型コロナ禍の到来とともに活動が活発になっていた。陳塋は「拘束のタイミングから考えると、当局が捜査に乗り出したのは新型コロナが引き金になった」と推測する。

†正義感を抱く青年たち

ターミナスについて、陳兄弟は一度だけ言葉を交わしたことがある。陳塋がたまたまターミナスのサイトを訪れ、弟のニックネームを見つけた。「気を付けるようにと言うと、弟は「分かった」とだけ答えた」という。

陳塋は自身もNGO活動などに関わった経験があり、香港の民主化運動に関連して当局に拘束されたこともある。自身の経験も踏まえて「当局に目を付けられたら、警告や脅しを受ける恐れがあると考え、弟にアドバイスした」と話す。だが当局による情報統制の厳しさは予想をはるかに上回った。「通常は警告や脅し、呼び出しなどの前触れがある。いきなり拘束されて逮捕されるとは想像しなかった」と肩を落とす。

陳塋は弟が大学生のときに、本の寄贈などを通じて農村を支援するボランティア活動への参加を勧めた。この活動を通じ、後に同時に逮捕される陳と蔡が出会った。

陳と蔡の複数の友人によると、陳は広州市の名門、華南農業大でペット動物の権利などを研究し、拘束当時は北京のNGOで働いていた。湖北省出身の蔡は、国家主席習近平の母校でもある名門、清華大大学院を二年前に修了してネット関連企業に就職した。清華大のある教授は蔡の逮捕に「口数の少ないおとなしい学生で、いつも人の話をじっくりと聞いていた。公共秩序を乱したとの容疑は信じ難い」と驚きを隠さなかった。

ネット上には蔡が二〇一四年に発表した文章が残っていた。「九〇年代生まれの私たちは、自分たちも知らない運命を背負っているのだろうか」と自問し、貧しい農村出身者に街角で出会った挿話から、貧富の格差やネット上の情報統制に思いをはせる。何かを声高に批判すると言うよりも、社会矛盾をどう考えればいいのか思い悩んでいるようだ。この文章や友人らの証言からは、社会問題に向き合う誠実な青年の姿が浮かぶ。

文章の日付は六月四日。言うまでもなく一九八九年に民主化を求めた学生らが武力弾圧された天安門事件が起きた日だ。中国では、天安門事件は情報統制の標的となる最も危険な話題のひとつであり、蔡の文章も天安門事件には直接の言及を避けている。しかし日付や内容から、事件が念頭にあるのはあきらかだろう。

こうした正義感を抱く青年が、市民の犠牲をいとわない当局のコロナ対策に憤り、ターミナスの活動にのめり込んでいったのは想像に難くない。陳兄弟は、中国社会の矛盾や当局のネット規制をいかに回避するかについても、よく意見を交わしていたという。

†ギットハブ

先に書いたように、中国国内から海外のSNSは通常はアクセスできない。グレートファイアウォールと呼ばれるネット規制があるためだ。規制を回避して海外の情報にアクセスするためにはVPN（仮想私設網）を使って海外のサーバーを経由しなければならない。これを中国では「壁越え」と呼ぶ。厳密には違法行為とされ、ときおりVPNサービスを提供した業者などが摘発される。壁越えには、リスクもコストも手間もかかる。

一方、ターミナスは国内からもアクセスできた。主にIT技術者らが使うSNSの一種「GitHub（ギットハブ）」を活用していたためだ。米マイクロソフト傘下のギットハブは、IT技術者が各種データやプログラムのコードを共有するのに使われており、利用者の一人は「ギットハブなしではプログラムの開発などは不可能だ。IT産業への打撃を考えれば規制はあり得ないだろう」と話していた。そのため海外のSNSであっても例外的に中国国内からアクセスでき、中国からのアカウント登録数は米国に次ぐ。プログラムなどのほか、通常の文章ももちろん共有できる。

さらに実名でなくてもアカウントをつくれるため匿名性も高い。ターミナスにとどまらず複数のグループがこうした特徴を生かして、中国当局の情報統制をかいくぐる手段として使っていた。情報規制の届かない「最後のフロンティア」とも呼ばれていた。

蔡と陳はリーダーとしてターミナスを率いていたわけでもない。拘束された陳の友人は「ターミナスのようなグループには中心的リーダーがいない。従来の人権活動家と異なり、参加者は名前や顔を出さず、リスクを分散させていた」と指摘する。リーダーのないフラットで流動的な組織のあり方は、一九年に盛り上がった香港の民主化運動とも共通する。「脱中心化」は中国における近年の抗議活動などの特徴といえる。

それでは、なぜ蔡らは当局に身元を特定されたのか。ギットハブ利用者らは、蔡の使っていたメールアドレスに実名の一部が含まれていたためと推測する。当局はそうしたわずかな手がかりから蔡と陳の存在をつかみ、拘束したとみられる。

蔡の家族が委託した弁護士によると、ターミナスの摘発にはスパイ取り締まりなどを担当する国家安全省が関わったとみられる。当局が狙っていた通り、ターミナス摘発の見せしめ効果は小さくなかった。複数のギットハブ利用者は、当局者から蔡と陳の写真を見せられ、面識を問われていた。捜査を恐れ、パソコンのデータを整理したり、電子機器を処分した利用者もいた。こうした利用者の一人がおびえた様子で話した。「一度公開された文章を保存しただけで拘束されるなら何だって罪になる。自分も拘束されるかもしれない」

†判決

北京の裁判所で陳と蔡の初公判が開かれたのは、拘束から一年以上がたった二一年五月だった。傍聴した家族によると、二人は起訴内容を認めた。

初公判までの道のりは長かった。家族が指定した弁護士は裁判から排除され、当局が指定した弁護士が担当した。こうした弁護士は、被告の権利や利益の保護は脇に置き、当局の意に沿った弁護活動を行うのが通例だ。陳らは二〇年九月に起訴されたが、当局指定の弁護士は家族に起訴状を見せることも拒んだ。一緒に拘束されてその後に解放された蔡の恋人は、拘留されていた蔡に絵はがきを送り続けたが、当局から絵はがきは届けられないと通知を受けた。

初公判で当局指定の弁護士は、懲役一年〜一年三月が相当との意見を述べた。傍聴を終えた陳の母は「気分が重い。(二人の行為は)重大な影響を招いたわけではないのに」と刑の軽減を求めた。法廷では息子はコロナ対策のため防護服を着せられて顔も見えず、言葉を交わすこともできなかったという。息子の安否に心を痛め、疲れた様子が印象に残る。

判決は二一年八月一三日だった。北京の裁判所は陳と蔡にいずれも懲役一年三月を言い渡した。この時点ですでに一年三ヵ月以上拘束されていたため、二人は同一五日に釈放された。

†白紙運動の隠れた主役

ターミナスをめぐっては、ギットハブという防波堤も当局に破られてしまったが、ネット上に現れる新しい技術や利用方法は希望ももたらす。

たとえば、中国で#MeToo運動が盛り上がり始めたころ、仮想通貨ビットコインなどの取引にも使われるブロックチェーン（分散型台帳）という技術が統制をかいくぐる手段として使われた。大学が舞台の性犯罪をめぐり、北京大の女子学生が真相究明を求めた文章などが仮想通貨の台帳に添付されるかたちで記録された。ブロックチェーンによる台帳は削除や改竄が不可能とされ、当局の介入を回避する方法として注目された。

女性の権利保護に取り組む中国のNGO関係者は「当局の圧力は厳しいが、ブロックチェーンなど新しい技術は希望だ」と指摘した。もっともウェイボなど中国国内のSNSなどに比べて閲覧できる人はごく少数に限られるため、影響力は限定的だった。

二二年一一月末に起きた「白紙運動」では、秘匿性の高いとされるSNS「テレグラム」が隠れた主役となった。

中国以外の国々では新型コロナ対策の行動制限は二二年にはかなり緩和されたが、中国ではこの年、厳しい行動制限を伴う「ゼロコロナ」政策が加速度的に強化されていった。「白紙運動」は、「ゼロコロナ」政策と、当局の不透明な政策決定、さらには封鎖された各都市での状況が伝わらない言論統制に抗議するものだった。北京市内では集まった若者たちは白紙を掲げて抗議の意を示し、ゼロコロナを終わらせるきっかけとなった。参加者の多くはテレグラムを使用していたとされ、テレグラムのグループチャットを通じて参加した若者も多いという。

2022年11月、北京市中心部で中国の「ゼロコロナ」政策に反対し、当局への抗議を意味する白い紙を掲げる人たち（共同）

ＮＧＯＣＮの記事や香港に拠点のあった自媒体などによると、多数の白紙運動参加者が、運動のあった翌日から警察に事情を聴かれたが、短時間で自宅に帰された。しかし二二年一二月一八日から再び拘束が始まり、北京での白紙運動については二〇人以上が公共秩序騒乱容疑で逮捕された。多くが保釈されたものの、二三年二月中旬時点で少なくとも七人の拘束が続いていた。他の都市での参加者も含めると、逮捕者は計三〇人を超えたもようだ。

拘束が長引いた七人には特徴がある。いずれも二〇代後半から三〇代前半で、大半が海外留学の経験を持つ。七人のうち六人が女性だ。

逮捕者のみならず白紙運動の参加者は若い女性が多かった。北京の中国人記者は、性被害を告発する#ＭｅＴｏｏ運動の影響があったと指摘する。#ＭｅＴｏｏは中国では政府の弾圧を受けて失速したが、社会の不正義や不平等に関心を持つ人々を触発し、特に若い女性の「不正に対して黙っていない」という意識を高めた。中国当局はこうした社会的な意識の高い女性が影響力を持つことを恐れたとみられる。

当局の警戒は、こうした女性が横につながり、組織化されることに向けられる。複数の逮捕者はテレグラムでのグループ主宰者だったり、グループに多くの人を誘い入れたりしていたという。白紙運動も、ターミナスと同様に特定のリーダーのいない「脱中心化」された運動だったが、当局はテレグラムを介して抗議の動きが組織化される事態を力ずくで阻止しようとした。

テレグラムは一九年の香港での民主化運動でも活用されたことで知られ、日本では広域強盗グループが使っていたことで有名になった。通信の秘匿性が高いとされるが、使い方

年	月	
2012	11	習近平指導部発足
2013	1	事前検閲で「南方週末」の新年の辞を書き換え
2018	10	ネット上の媒体の「集中整理」開始。多数のアカウントを閉鎖
2020	1	湖北省武漢市で都市封鎖開始
	2	コロナに警鐘鳴らした医師・李文亮死去
	4	「ターミナス」のメンバーら３人が音信不通に
	5	封鎖下の武漢の実情を伝えた記者張展拘束
2021	11	コロナに勝利したと宣言し、ネット重視の姿勢も示した「第三の歴史決議」採択
2022	11	ゼロコロナ政策に抗議する「白紙運動」

コロナ禍前後の中国の動き

によっては当局が通信内容を把握できるようだ。中国のネット上では、テレグラムよりも、さらに秘匿性が高いとされるSNSの利用や、テレグラムの適切な使い方を呼びかける文章が出回った。

二〇年前半、蔡を教えたこともある北京の大学教授はこんなことを言っていた。少し長いが、記したい。

「コロナ禍は、当局に監視を強めることへの理由を与えた。科学技術の進歩は、経済、社会、政治を含めて革命的な変化をもたらすが、その結果には私は楽観的ではない。自媒体の普及などによって個人も発信力、発言力を獲得したという側面もあるが、現実は科学技術によって権力側がより強くなるという面のほうが大きい。基本的な権利を勝ち取るための努力を放棄するわけではないが、より困難になっている」

　絶望に近い響きがあるが、自身の経験に基づく言葉でもある。社会学が専門のこの教授は、ウェイボのアカウントが八〇回も凍結されたことがある。凍結のたびに登録を繰り返してきたためだ。ウェイシンも五回凍結されたことがあり、学術論文も発表を許されない状況が続いていた。

　しかし圧政があれば、それに不満をためる人々が不断に生み出され、真実を求める声も消えることはない。中国国内での発信がほぼ不可能になったあるチベット人知識人は「人間は食べて寝れば満足するブタではない」と訴えていた。インターネットに関連するギットハブ、ブロックチェーン、テレグラムなどの新しい動きを取り入れつつ、言論統制をかいくぐる方法も絶えず進化している。それを押さえつけようとする中国当局との攻防が今後も続いていくはずだ。

第４章

中東

内戦における報道

奥田哲平・蜘手美鶴

シリアのイスラム過激派から解放され、トルコ国境にたどりついたスーザン・ダボウス（前列中央）と、イタリアのテレビ局記者3人（2013年4月、トルコ南部で。ダボウス提供）

1　スパイ容疑で死刑に――イエメン

†内乱に陥った「幸福のアラビア」

アラビア半島南西端に位置するイエメンは、日本人には馴染みが薄い国だろう。歴史を振り返れば、アジアと欧州を結ぶ交易中継地として栄え、古代ローマ人はその繁栄ぶりを称えて「幸福のアラビア」と呼んだ。シバ王国（紀元前九五〇〜一一五年）の女王ビルキスは旧約聖書の中で、エルサレムに赴いてソロモン王の知恵を試したとされる。

一九世紀には、イエメン北部はオスマン帝国、南部はイギリスの支配下にあった。北部イエメンは第一次大戦後にオスマン帝国から独立してイエメン王国となり、南部イエメンは一九六七年にようやく南イエメン人民共和国として英国から独立している。冷戦下では米国が北部イエメンを、旧ソ連が南部を支援して分裂国家だったが、一九九〇年に南北統一された。

だが、二〇一〇年以降の中東の民主化運動「アラブの春」が波及し、三〇年以上政権の座にあったアリ・アブドラ・サレハ大統領の退陣を求めるデモが頻発した。アブドラボ・

マンスール・ハディ大統領の暫定政権発足後、イランを後ろ盾とするイスラム教シーア派武装組織フーシ派がサレハと組み、一四年から首都サヌアを占拠した。ハディ暫定政権は南部アデンに逃れた。

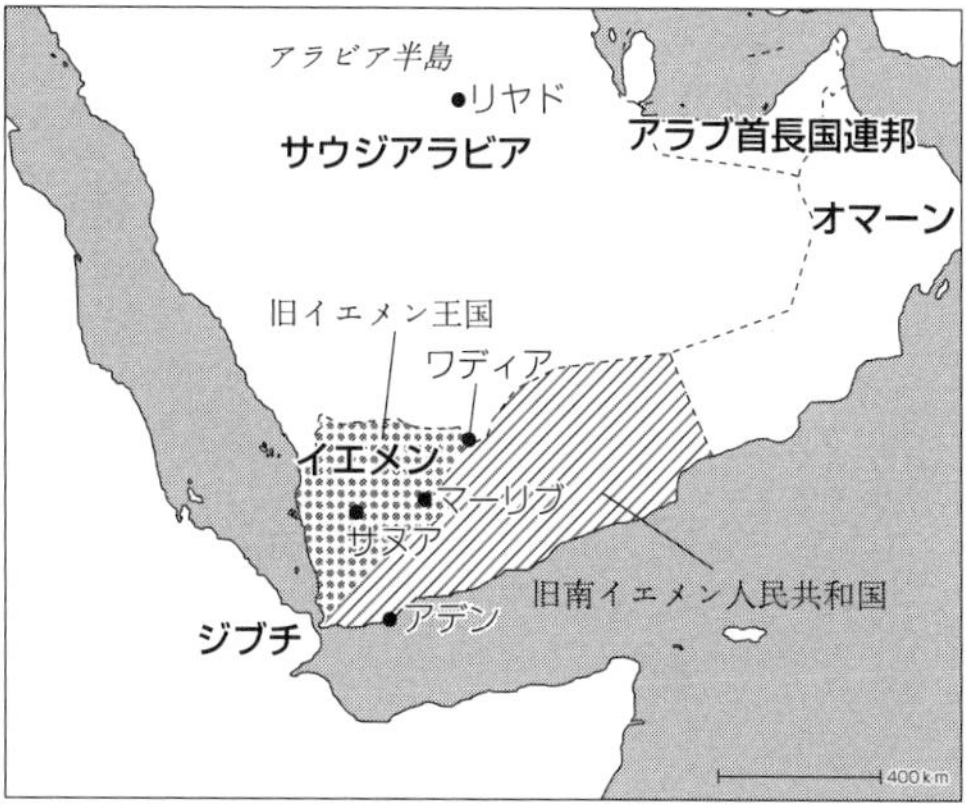

イエメンの地図

自国の裏庭が対立するイラン寄りの国家になるのを阻むため、サウジアラビアなどが一五年三月に軍事介入を始めた。資源の乏しいイエメンでの内戦は、シリア内戦やイラクなどに比べて国際社会の支援の動きが鈍く、「忘れられた内戦」と呼ばれている。

大ざっぱではあるが、これがイエメンの混乱状態の背景だ。

国連などによると、一九年時点で、長引く戦闘のため民間人を含めて一万人以上が死亡した。食料や医薬品不足によって総人口二八〇〇万人のうち、一〇〇〇万人が飢餓の危機に直面していた。五歳未満の子ども一八〇万人が急性栄養不良にあり、予防可能な病気で一〇分間に一人が命を落としていた。また、コレラの流行で二九〇〇人余りが死亡したとされている。

筆者・奥田がイエメン中部の都市マーリブに降り立ったのは一九年二月。内戦が深刻化して以来、日本人ジャーナリストとしては初めての現地入りだった。アスファルトが敷かれていない、茶色い土を固めただけの滑走路にサウジアラビア軍の輸送機が着陸した。冬だというのに三〇度を超える太陽が照り付けた。マーリブは首都サヌアから約一七〇キロ東の位置にあり、暫定政権軍やサウジ主導のアラブ連合軍が拠点を置いていた。内戦下の各地から逃れてきた難民で、人口四〇万人だったマーリブは二八〇万人の都市に膨れあがっていた。

†情報戦下のプレスツアー

イエメン入りまでは随分待たされた。

日本の外務省はイエメン全土に退避勧告を出し、大使館もサウジに避難していた。筆者はかねて在エジプトのイエメン大使館を通じ、暫定政権とサウジ政府が企画した海外メディア向けプレスツアーに参加を申し込んでいた。世界各国のメディアから申し込みがあると聞いていたため、メンバーに選ばれるのか、そもそも実現されるか、忘れかけていた一九年二月、突然「二日後にサウジの首都リヤドに来られるか」と問い合わせが入ったのだった。

すぐにリヤドに向かい、出向いたサウジ情報省にいたのは、英公共放送ＢＢＣと東京新聞だけだった。入国手段が限られ、内戦下であるイエメンの現状を、安全を確保しながら取材するにはサウジ軍の護衛が付くツアーに参加するほかない。一方で、いかに偏らない報道を貫くか腐心した。

イエメン中部マーリブの難民キャンプに暮らす子どもたち（2019年2月、奥田哲平撮影）

プレスツアーには暫定政権のイリヤーニ情報相が同行した。暫定政権とサウジ側の狙いは明らかだった。内戦が泥沼化し、米国議会ではサウジへの武器輸出停止を求める動きもあった。軍事介入が人道危機を深刻化させているという批判が上がる中で、フーシ派の横暴やサウジ側の難民支援をアピールして正当化する、といったところだろう。

筆者が訪問したマーリブには、約五〇〇キロ離れたサウジ南部ワディアの国境から、生活物資や難民支援品が運ばれていた。ツアー中、道路建設現場でスルタン・アラダ県知事は「どこにも逃げられない同胞を受け入れるのは、マーリブしかない」と語りつつ、「多くの事業がサウジから支援を受けている。いま起きていることを見れば、マーリブが事実上の首都だ」と胸を張った。

イエメンでの深刻な人道被害の一つは、一八歳未満の少年兵の存在だった。サウジの支援で地元NGOが運営する元少年兵リハビリ施設を訪ねる機会もあった。四五日間の寮生活で、心療内科医らとの面接やスポーツなどを通じて「子どもらしさ」を取り戻し、負の記憶を塗り替える試みで、一九年二月までの二年間で三二一人が修了したという。

取材中、施設側が慌てる場面があった。多くの元少年兵は、フーシ派が各学校に監督者を配置して宗教心をあおり、半ば強制的に勧誘し、最前線に送り込む手口を証言した。しかし、地元マーリブ出身のアブドラ・デリジャン(一五)は、一六年六月に、暫定政権軍兵士の父に誘われ、いとこや友人と軍に加入したと明かした。

二カ月で一〇〇〇サウジリヤル(約六万円)の給料は魅力的で、自動小銃を持つと「騎士になった気がした」。しかし、戦場でいとこらが戦死し、その後の戦闘で、自らは捕虜としてフーシ派に拘束された。

フーシ派系テレビで「政権軍は子どもを強制的に兵士にしている」と言わされ、親元に帰った後も、いとこが倒れる場面を繰り返し夢に見て眠れなくなったと涙を浮かべた。国連は一八年八月、暫定政権軍とフーシ派双方が子ども兵を使用していると批判した。元少年兵の存在でさえ、フーシ派もサウジ側も内戦下の情報戦に使っていた。

†武装組織が報道機関を閉鎖

筆者がいたマーリブのホテルに、目だけを出した全身黒い衣装の女性が現れた。フーシ派に三年以上拘束されているジャーナリスト、タウフィク・マンスーリ（三一）の妻イマーン・オムラン（二八）だった。筆者ら外国人記者がマーリブにやってきていると、誰かから聞き付けたようだ。

フーシ派が首都サヌアを占拠して一年後の一五年九月、日刊紙記者だったタウフィクらジャーナリスト一〇人がインターネットを利用しようと訪れたホテルで突然拉致され、連絡が途絶えた。半年後にフーシ派に捕らえられたと判明した。容疑は「暫定政権軍と協力し、サウジアラビアの軍事介入を手助けした」という内容だった。一〇人は一九年二月下旬に裁判所に起訴された。フーシ派が牛耳るテロ関連特別法廷で、公正な司法手続きが得られる可能性は低く、家族らは焦りを募らせていた。

タウフィクの弟アブドラ（三〇）は「フーシ派は自分たちの思想と主張だけを伝えるた

イエメン中部マーリブで、拘束されている記者タウフィク・マンスーリの写真を手に、解放を訴える妻イマーンと娘のヌラーン、弟のアブドラ（2019年2月、奥田哲平撮影）

め、政治家よりも記者の拘束を急いでいた」と明かした。既存の報道機関の大半は閉鎖され、フーシ派寄りのテレビ局などが設立されていた。イマーンによると、サヌアの政治犯収容所で面会時、やせ細ったタウフィクは「長時間天井からつるされ、電気ショックを受けている」と話したという。金網越しに手を合わせると、刑務官に引き離された。イマーンは子ども三人とともにマーリブで避難生活を送っており、「夫を家族の元に帰して」と訴えた。

　拘束から三年以上が過ぎた起訴について、アブドラは国連仲介で進む和平交渉との関連を疑っていた。交渉ではフーシ派と暫定政権相互の捕虜交換も議題の一つだったが、裁判中の人は対象に含まれないという。「フーシ派は新たな交渉カードに利用するつもりではないか」と指摘した。イエメン情報省によると、一八年末までの四年間で、フーシ派に拘束された記者は二〇〇人以上になっていた。

タウフィクら記者たちの拘束について、イエメンのジャーナリスト連盟は「容疑は記者を標的とした虚偽で、拘束長期化は受け入れられない」と非難し、国際社会が解放に向けてフーシ派に圧力をかけるよう呼びかけた。

†スパイ行為罪で記者らに死刑判決

二〇年四月、タウフィクら一〇人のうち四人にスパイ行為などの罪で死刑判決が下された。一〇人は収容所を転々とし、家族は「いつどこで法廷が開かれているか分からず、一度も傍聴できなかった」と、突然もたらされた判決に憤った。弁護人でさえ、同年一月から審理への出席を認められなかった。死刑判決以外の六人は三年間の保護観察処分だった。

死刑判決を受けたタウフィクの妻子を世話するアブドラは「フーシ派には法律も論理も通用しない。家の中は葬式のような雰囲気だ」と嘆いた。わずかな望みをつないでいるのは、皮肉にも新型コロナウイルスの感染拡大だという。国連が停戦を呼びかけ、フーシ派に夫や息子らを拘束された女性でつくる「拉致被害者の母の会」は収容所内での流行を避けるために早期釈放を求めていた。

「母の会」の調べでは、ジャーナリストのほかにも人権活動家や一般市民など一二二二人が拉致され、二四人が拷問で死亡し、四七人が死刑判決を受けた。一方、暫定政権側も市民二九人を不当に拉致したという。

その後、暫定政権側とフーシ派は国連の仲介で捕虜計一〇〇〇人の釈放で合意し、二〇年一〇月一五日に第一陣の約七〇〇人が複数の飛行機でイエメン国内外の各空港に到着した。大規模な捕虜釈放は初めてで、国連と両者の代表団が九月末にスイスで会談し、「信頼構築のため」(国連関係者)に捕虜の釈放に合意したという。暫定政権側は六八一人、フーシ派は約四〇〇人の釈放を表明し、準備を進めていた。捕虜のほか、フーシ派に拘束されていたジャーナリスト五人を含む一般市民一一五人も釈放され、空港に来た家族らと数年ぶりの再会を果たした。

しかし、「母の会」によると、なおも約一四五〇人が拘束されたままで、死刑判決を言い渡されたジャーナリスト四人も釈放されなかった。タウフィクの弟アブドラは「釈放者の中に兄がいなくて悲しいが、他の市民が解放されたのは喜ぶべきこと。この動きを全員釈放につなげたい」と東京新聞の取材に答えた。イエメンの政治評論家アブデル・アレム・ヒダラは「釈放が実現したのはサウジとイラン双方の了解があったから。楽観視はできないが、停戦に向けた大きな一歩と言える」と評価していた。

国連がいう「世界最悪の人道危機」は今も終わっていない。イエメン内戦関連の死者は三七万人を超え、うち七割が五歳以下とされる。筆者・蜘手は二二年二月下旬、暫定政権が臨時首都とする南部アデンを訪れた。ジュネーブ拠点のシンクタンクが主催するメディアツアーに参加したが、女性ジャーナリストは「肌を出さない服」と「髪を覆う布「ヒジャブ」」の着用を求められた。実際、空港に降り立つとヒジャブを着けていない女性は見当たらなかった。多くがヒジャブだけでなく、目元以外の顔全体を隠す布「ニカブ」も身につけ、女性に関してはサウジアラビアに似た非常に保守的な印象を受けた。

アデンはイエメンの中でも一風変わった歴史を持つ。一八三九年に英国に占領され、オスマン帝国支配下の北部と分断された。アデン市街地には英国風のレンガ造りの建物が並び、丘の上にはロンドンの時計塔ビッグベンに似せた時計塔スモールベンも建設されるなど、欧州の雰囲気を漂わせる独特の町並みが広がっている。

一九六七年に南イエメン人民共和国として英国から独立を果たした後は、イエメン社会党の一党独裁体制の下、アラブ諸国で唯一の社会主義国に移行した。そのため、国民のほとんどはイスラム教徒だが、当時は社会主義の影響で宗教色は薄かった。教育も職場も男女平等で、女性はヒジャブで髪を隠すことはなく、ミニスカートやズボンをはいてファッションを楽しんだ。九〇年の南北イエメン統合まで、アデンを中心に独自のリベラルな文化や考え方が育まれた。南北統合後は北部の影響でイスラム主義が社会に広まり、保守的な社会へと変わっていった。

海沿いの小高い丘にあるとりでからは、アデン市街が見渡せた。険しい山々に囲まれて家やビルが立ち並び、遠目でも爆撃で破壊された廃虚ビルがいくつも目についた。「街は今も壊れたままです。内戦が始まって以来、身近に「死」があることに慣れてしまった」。筆者にとりでを案内した市幹部オスマン・ナセル（四二）が顔をしかめた。

二〇一五年三月、フーシ派がアデンに攻め入り、追い込まれた暫定政権がサウジアラビアに支援を要請。サウジ率いるアラブ連合軍が空爆を開始し、イエメンは長い内戦に突入した。アデン市内を戦車が走り、フーシ派から街を守るため学生も銃を手に取った。市街地にはフーシ派の狙撃手が潜み、国際人権団体によると、少なくとも二〇〇〇人が犠牲になった。

ナセルも自宅前でフーシ派に銃撃され、目の前で弟サーレハ（三四）を亡くした。「近くのホテルの窓から狙撃手二人がこっちを見ていた。住民のほとんどが親族や友人の誰かを失っている」。予算不足で復興は進まず、壊れた建物は放置されたまま時間が止まっていた。

南部最大の街アデンには、周辺地域から国内避難民が押し寄せていた。内戦前は約一〇〇万人だった人口は、三〇〇万人にまで増加していた。市内には避難民キャンプが点在し、板や布をかぶせた粗末なバラックに故郷を追われた人たちが暮らしていた。

海辺の空き地には、約四〇家族が身を寄せていた。「この暮らしに疲れた。死ぬのが一番いいのかもしれない」。南西部タイズから逃れて来たアリ・アブドルサラム（四〇）が漏らした。五年前、子ども五人を連れて外出中、自宅が爆撃されて妻と兄が即死した。がれきの中で妻の「かけら」を見つけ、その場で気を失った。

子どもたちとアデンに来たが、苦しい生活は変わらなかった。国連の支援物資が届くのは三、四カ月に一度で、あとは地元の人が菓子や古着をくれる程度だった。二日に一度ペットボトルを集め、約五〇〇〇イエメンリヤル（約五九〇円）を得ていた。「一番簡単に稼げるのは兵士になること」と話すが、子どもを置いていけなかった。子どもを学校に通わすこともできず、枯れ草に覆われたキャンプにとどまっていた。

年	月	
1962		イエメン・アラブ共和国成立（北イエメン）
1967		南イエメン人民共和国成立
1990	5	南北イエメン統合
2011		「アラブの春」波及
2015	3	サウジアラビアが軍事介入し、内戦本格化
2020	4	ジャーナリスト４人に死刑判決
	10	暫定政権とフーシ派が初の大規模捕虜釈放
2023	3	内戦に関与するサウジとイランが国交正常化に合意

イエメン内戦を巡る歴史

イエメンで二番目に古いアデン大では、学生のほぼ全員が十代前半から内戦を経験してきた。歯学部一年のオラ・ムハンマド（一九）は、親の年収以上の学費約二〇〇〇ドル（約二五万円）を払い、歯科医師を目指していた。「みんなに美しい笑顔を与えたい」と話したが、本音は「イエメンから出て海外で働くために勉強している」という。

市内では停電が頻発し、インターネットの接続も不安定だった。大規模な戦闘はないものの、小さな衝突や政府要人を狙った爆弾テロは続いていた。治安の悪化で授業が数カ月単位で中断することもあり、卒業までには長い時間がかかった。歯学部一年のドアー・ジャマル（二一）は、早口でまくしたてた。「ここには仕事も、安全も、未来もない。ただ、もうこの国から逃れたい」。国内避難民は街から街へと渡り歩き、若者は終わりの見えない戦闘に疲れ、国外に将来を見いだそうともがいていた。

戦時下では暫定政権とフーシ派それぞれが有利な情報しか流さない。二三年三月に中国の仲介でサウジとイランが国交正常化に合意し、両者の代理戦争であるイエメン内戦も終結に向けた期待が高まるが、先行きには不透明さが残る。どうにかして実情を伝える役割が、日本を含めた海外メディアに課されている。

2　記者拘束は自己責任か――シリア

†知る権利のため現場へ

拘束されて一〇日目。目出し帽をかぶった黒装束の男の声が農家の廃屋に響き渡る。「おまえはスパイだ」。横に立った兵士が「ガチャリ」とカラシニコフ銃の安全装置を外す。「さてどうしようか。手を切り落とすか、腕をへし折るか、殺すか」

恐怖と絶望で吐き気をもよおした。コンクリートの床にうずくまり、これまで記者として原稿を書いてきた両手を見詰めた。少なくともこの手を失う、と。

二〇一三年四月、シリア生まれのイタリア人女性フリージャーナリスト、スーザン・ダボウス（三六）はイタリアのテレビ局の取材依頼を受け、三人の男性テレビ記者とともにトルコ南部から越境した。シリア北西部のキリスト教徒の村を取材中、荒れ果てた教会で、国際テロ組織アルカイダ系の旧ヌスラ戦線（現シリア解放機構）に捕まり、監禁された。やはりシリア北西部で連れ去られ、一八年一〇月に三年四カ月ぶりに解放されたフリージャーナリスト安田純平（四四）を拘束したグループと関係が深いとみられる。

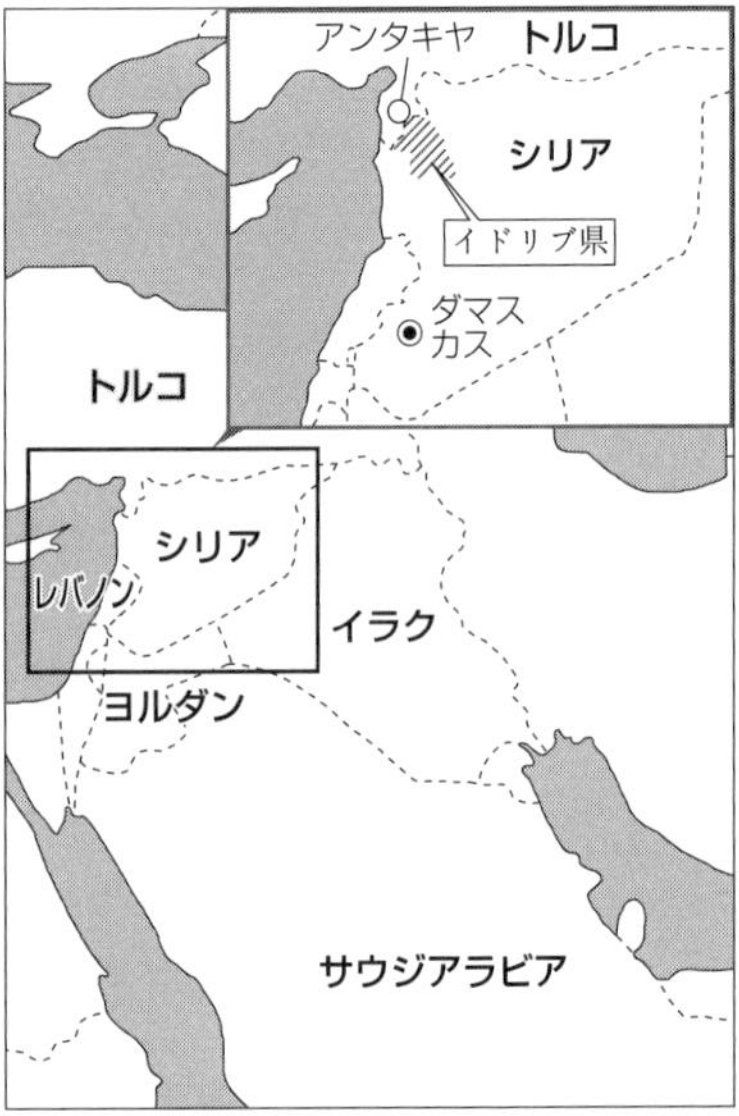

シリア及び周辺地図

ダボウスは、イタリア政府などの交渉の甲斐あって、拘束一一日目に解放された（四章扉）。イタリア政府は帰国のためにローマ法王や首相も使う専用機を用意した。「政府には今でも感謝している」と話す。

日本では、戦場や紛争地域での取材について「危険を承知で政府に助けを求めるべきではない」という「自己責任論」が根強い。ダボウスはイタリアでも同様の議論があることを認めつつ、訴えた。

「ジャーナリストが現場に行かなければ、民主主義に必要な「知る権利」は守られない。医師が現場に行かなければ患者を救えないのと同じです」

†紛争地の記者守る仕組みを

拘束された時、ダボウスは、教会の神父の案内で内部を撮影していた。壁にはアラビア語の落書き。マリア像の首は切り落とされ、床には腹を切り裂かれ放置された犬も。シリア北西部ラタキア近くのキリスト教徒の村は、イスラム過激派の支配下になり、教会は徹底的に荒らされていた。

シリア内戦で戦闘経験がある二人をガイドに雇い、準備は万全のはずだった。しかし、教会入り口はいつの間にか八人の武装集団にふさがれていた。

「どこのスパイだ」。機材を取り上げられ尋問された上に目隠しされ、真夜中に車で移動した。車内にはイスラム過激派が自爆テロをたたえる時に使う音楽が大音量で流れていた。監禁された農家の廃屋は、ガラスが割れて吹きさらし。明かりはろうそく一本のみで、しらみだらけの汚れたマットレスと毛布で寝かされた。

他の部屋から廊下伝いに、むちが空を切る音と「ああ神よ」と泣き叫ぶ男の声が響いた。「真っ先に心配したのは性的虐待だった。「イスラム教徒は女性に手をかけない」と自分に言い聞かせたが、精神的に追い詰められた」と振り返った。

シリア内戦の激戦地として知られるアレッポで生まれ、イタリアで育った。イスラム教徒の父の作法を思い出し「生き残るため、従順なイスラム女性を演じよう」と心がけた。だがひそかにノートにメモを取っていたことが発覚した。「兵士の数や配置を書いただろう」と問い詰められ、「殺される」と覚悟した。翌日、車でトルコ国境に戻された。「帰ったら「身代金要求はなかった」と言え」と言い含められて。

帰国後、案内してくれた神父が、六発の銃弾を浴びて殺されたと知った。

ダボウスは、「イタリアでは、マフィアなど組織犯罪に立ち向かうジャーナリズムへの敬意は強い」と話す。記者が海外で拘束されても、政府は身代金支払いをいとわず「人命第一」で対応する。ダボウスは「私のケースで身代金支払いはなかったと思う」としながらも、「イタリア政府の柔軟姿勢のおかげで命が救われた」と話す。

夫は英BBC放送の中東担当記者だ。英政府は「テロリストとは取引しない」と厳格な対応だが、その代わりBBCが危険情報の収集や取材クルーの警備などの「安全確保に巨額を投じている」と指摘する。それでも知り合いのBBC記者はシリアで拘束され、「自力で脱出した」という。

シリアはアサド政権、反政府勢力、イスラム過激派が複雑に入り組み、記者にとっての危険度は増すばかりだった。アサド政権支配地域の取材ですら「安全確保の代金」として政権側から高額を請求され「フリーランスにはもはや手が届かない」と嘆いた。

だからこそ「民主主義国家は、紛争地に向かう記者を邪魔者扱いするのではなく、むしろ支援する枠組みを」と呼びかける。記者が護身のための準備や情報収集ができるよう、ジャーナリスト団体を通じ公的補助を受けられる仕組みは、欧州連合（EU）でも議論されるようになった。

「シリアにだれも行かなければ、シリア報道は各勢力のプロパガンダだけになってしまう」と、ダボウスには強い危機感があった。「私は今、子を持つ親でシリアには戻れない。しかし体験を伝えることで、国際社会が母国シリアを見捨てないよう訴え続けたい」

紛争地の記者の保護を目的とするNGO「プレス・エンブレム・キャンペーン」によると、一六年に職務中に死亡したジャーナリストが三三カ国で一五六人に上った。過去一〇年で最悪の数字だったという。死者数の増加はシリア内戦の影響が大きく、一四人がシリアで死亡した。

†日本人ジャーナリストの解放

菅義偉官房長官は一八年一〇月二三日深夜、首相官邸で緊急記者会見し、シリアに一五年に入り、アルカイダ系の「シリア解放機構」（旧ヌスラ戦線）に拘束されていたとされるフリージャーナリスト安田純平とみられる男性が解放され、トルコ国内で保護されているとの情報があると発表した。シリア解放機構の関係者も二三日、東京新聞の電話取材に「解放は事実だ。カタールが仲介した」と認めた。

安田は一五年六月、トルコ南部ハタイ県から陸路でシリア北西部イドリブ県に入国後、消息が途絶えた。一六年三月と五月に、自称シリア人活動家がフェイスブック上に安田とみられる映像などを公開した。交渉開始の要求に応じなければ、過激派組織「イスラム国（IS）」に引き渡すと警告し、安田は「助けてください。これが最後のチャンスです」と訴えた。

二年以上消息が途絶えていたが、一八年七月に数回にわたって映像が公開された。七月末の映像では、ISが人質を殺害する場面を連想させるオレンジ色の服を着た安田が「ひどい環境にいます。今すぐ助けてください」と呼びかけた。

英国のNGO「シリア人権監視団」のアブドルラフマン所長によると、安田とみられる男性は、イドリブ県のトルコ国境に近い町に拘束されていた。カタールが仲介し、トルコ軍が武装組織と交渉を始め、解放された。

安田は当初、アルカイダ系のシリア解放機構に拘束されたが、新興の過激派組織「フッラース・ディーン」に身柄が移った。直近は中国の少数民族ウイグル族系の「トルキスタン・イスラム党」のシリア人指導者の支配下にあったという。

カタールとトルコはシリア内戦で反体制派のイスラム主義組織を支援してきたとされ、過激派組織に誘拐されたスペイン人記者の解放にも協力した経緯があった。

†透ける穏健イメージのアピール

安田の解放は、菅の緊急会見があった翌日の一八年一〇月二四日に確認された。

解放の背景には、一一年に始まったシリア内戦で、安田を拘束したとされるシリア解放機構など反体制派が劣勢に立たされている現実があった。

安田はトルコ国境からシリア北西部イドリブ県に入国した直後に拉致され、その後も同県に居続けたとみられる。

シリア内戦は、二〇一〇年にチュニジアで起きた民主化を求める反政府運動「アラブの春」が波及し、首都ダマスカスなどで始まった民主的なデモがきっかけだった。アサド政権の苛烈な弾圧に対して次第に反体制派は武装化し、暴力の応酬へと内戦に発展した。政権vs反体制派という構図は、混乱がシリア全土に広がるに従って複雑化していった。

隣国トルコやアサド政権の友好国ロシア、イランが軍事介入。欧米諸国やアラブ諸国も反体制派を支えた。加えて国外のイスラム過激派が流れ込み、イラクで生まれたISという仮想国家は、シリアに流入して支配地域を拡大した。北部では米国の支援を受けた少数民族のクルド系住民も勢力を広げた。シリア内戦は純粋な民主化を求める争いから、それぞれの利益を最大化する泥沼化した内戦に変化した。

安田が解放された当時は、アサド政権軍が国土の半分以上を掌握し、軍事的優位を確実にしていた。反体制派は各地で敗走するたびにイドリブ県に向かうよう仕向けられ、反体制派の「最後のとりで」と化していた。一八年八月には、アサド政権がイドリブ県の反体制派を一網打尽にする総攻撃を始める構えを見せ、情勢は一気に緊迫した。中でもシリア解放機構は最大の攻撃対象だった。

シリア解放機構は一〇月二三日、声明で「われわれが日本人ジャーナリストを拉致したことはない」と安田の拉致を否定した。その上で「全ての記者の安全と自由な報道を保障する。シリアを訪ねて世界に真実を伝えてほしい」と訴えた。追い込まれたテロ組織が、勢力維持のために穏健的なイメージをアピールする狙いが透けてみえた。

安田の映像をフェイスブック上に公開し、シリア解放機構の代理人の窓口を務めた自称シリア人活動家は、以前から「目的は金しかない。日本政府は交渉に乗り気ではない」と不満を漏らしてきた。

日本政府は「テロ行為や外国人拉致を助長する」と、金銭による解放交渉はしない方針を表明していた。安田の解放を巡っても、身代金の支払いを否定していた。

仲介役を果たしたとみられるのがカタールとトルコだった。

カタールは人口約二六〇万人の小国だが、天然ガスの埋蔵量は世界三位だ。経済力を背景に独自の仲介外交を展開している。

こうしたカタールに対し、サウジアラビアは一七年六月、テロ組織を支援し、イランに接近したなどとして国交断絶を突き付けた。

一方、トルコはカタールを支援しており、サウジ政府を批判してきた記者がトルコ国内のサウジ総領事館で殺された事件について、サウジの関与を指摘し、強く非難していた。

シリア人権監視団のアブドルラフマン所長は「カタールとトルコは「サウジは言論弾圧で記者を殺し、われわれは記者を救った」と、サウジと国際社会にアピールしたかったのではないか」と分析した。

識者からは、武装勢力側は当初、身代金目的で安田を拘束したが、アサド政権軍に追い込まれて交渉をする余裕もなくなり、解放につながったという見方も出ていた。

†何が起きているかを見る存在

安田は一一月二日、東京都千代田区の日本記者クラブで、帰国後初めて記者会見した。「解放に向けて尽力していただいた方々に、おわび申し上げますとともに、深く感謝申し上げます」と謝罪した。

安田は「私自身の行動によって日本政府が当事者になり、大変申し訳なく思う」とした

年	月	
2011	3	各地で反アサド政権のデモ。暴力的衝突に発展
2012	6	国連がシリアは内戦状態と認める
2013	4	イタリア人ジャーナリストのダボウス拘束
	8	アサド政権が首都ダマスカス近郊で化学兵器使用の疑い
2014	6	過激派組織「イスラム国（IS)」が国家創設宣言
	9	米軍がIS拠点への空爆開始
2015	6	日本人ジャーナリスト安田純平拘束
	9	ロシアがIS拠点への空爆開始し、内戦介入。アサド政権支援
2018	10	安田解放
2019	3	トランプ米大統領がIS支配地域の完全制圧を宣言
2021	5	大統領選でアサドが約95%の得票率で再選
2023	5	アラブ連盟がシリアの復帰認める。アサド政権を事実上容認

シリアの内戦を巡る動き

上で「批判、検証をいただくのは当然。紛争地に行く以上は自己責任。日本政府が救出するのは厳しく、自分の身に起きることについては自業自得」と話した。

ジャーナリストの紛争地取材について「そこで起きていることを見る存在は絶対に必要」と強調した。一方で、自身の今後については「全くの白紙で分からない」とした。

安田の説明や配布資料によると、一五年六月にトルコ経由でシリアに入り、直後に拘束された。取材目的は「イスラムに基づく地域社会が、外部の人間からみて理解し得るものかを探りたかった。反政府勢力に参加する外国人義勇兵がどういう事情で、どんな理想を持ってやって来たのかも探れればと思った」と述べた。

国際ジャーナリスト組織「国境なき記者団（RSF）」は、安田の会見から約一カ月後の一八年一二月一八日、同年に報道に関連して死亡した報道関係者が八〇人に達したとする年次報告書を発表した。国別で最も多かったのは内戦状態にあるアフガニスタンの一五人。次いでシリアの一一人だった。

解放された安田を巡っては、外務省が旅券の発給を拒否したことが一九年七月に判明した。外務省は、トルコで解放された際に五年間の入国禁止を受けたことを理由に、渡航先が入国を認めない場合に発給を拒否できるという旅券法の規定を適用したもようだった。

紛争の取材で安全に最大限の注意を払うのは、プロフェッショナルのジャーナリストとして当然といえる。しかしながら、不測の事態は起こり得る。リスクと隣り合わせの取材活動があるからこそ、紛争地の厳しい現実に多くの人々が目を向けられる。それは、ロシアのウクライナ侵攻を考えてみても明らかだろう。トラブルが起きた際、単に「自己責任」で切り捨てるのは、妥当ではない。

内戦下や紛争地の内部からの報道は、それ自体が各勢力を有利な立場に導くための情報戦略の一部になってしまう。だからこそ、日本を含む海外メディアが時には現場に入って伝える必要がある。イエメンやシリア、イラクなど紛争地にある市井の人びとからは「忘れないでほしい」との声をよく聞いた。危険な目に遭わないためにジャーナリストが沈黙することは、内戦を引き起こした為政者を利するだけでなく、そうした声が届けられなくなることを意味する。

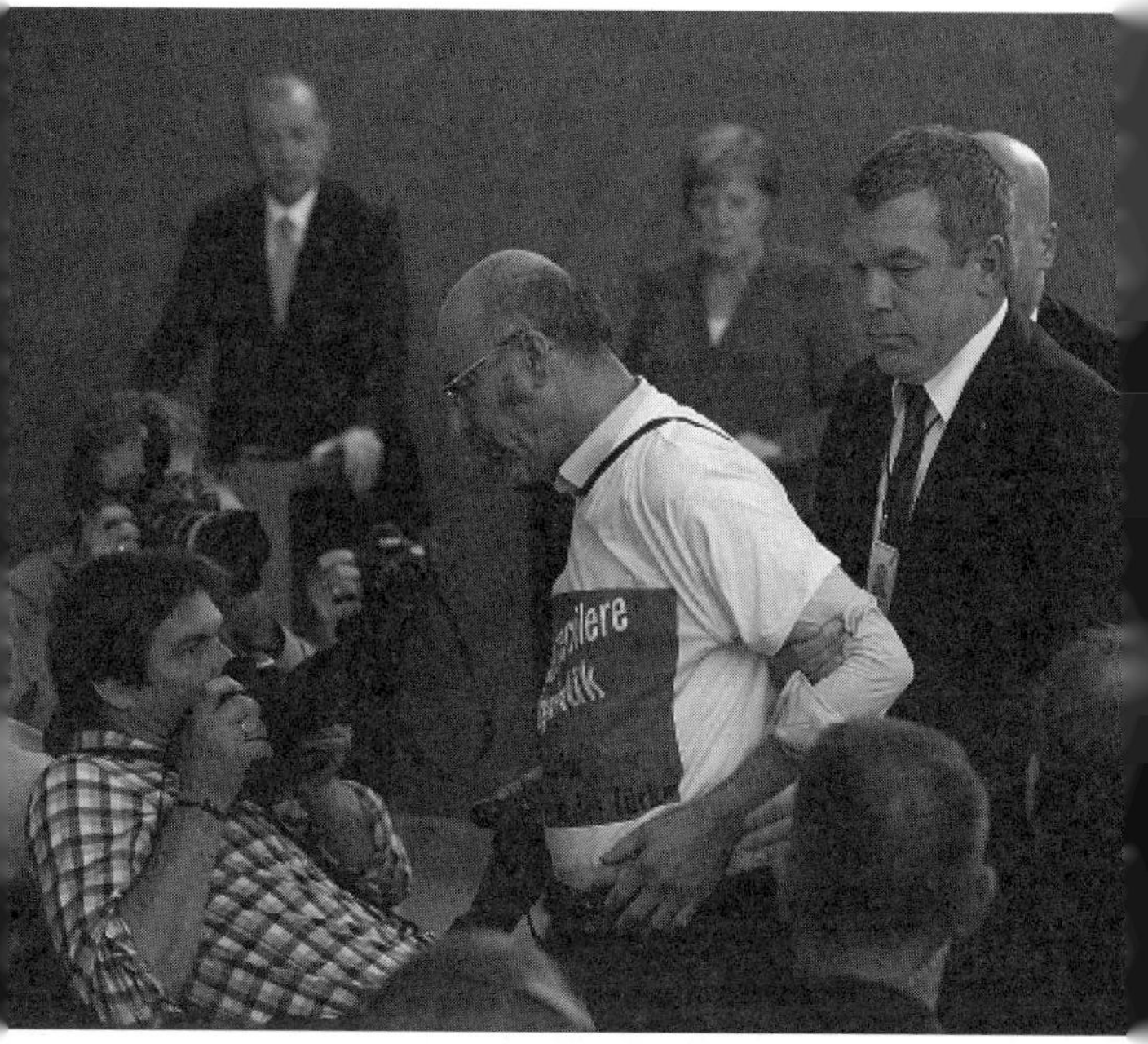

第 5 章

トルコ、サウジアラビア

記者殺害事件の政治利用

奥田哲平・蜘手美鶴

トルコのエルドアン大統領とドイツのメルケル首相(ともに奥)の共同記者会見の際、連れ出されるアディル・イギット(手前中央。2018年9月、独ベルリンで。Sean Gallup／ゲッティイメージズ)

1　買収と取り潰し

†世界最大の記者刑務所

「ジャーナリストに自由を」――。二〇一八年九月末、ベルリンで行われたトルコのエルドアン大統領とドイツのアンゲラ・メルケル首相の共同記者会見。報道の自由を訴えるメッセージが書かれたTシャツを着たトルコ出身のジャーナリスト、アディル・イギット（六〇）が警備員に連れ出され、一時騒然となった（五章扉）。イギットは「（トルコ出身の）同僚記者が会見に出席できなくなったことに抗議した」と振り返った。同僚とは、ドイツに亡命したトルコ紙ジュムフリエト元編集主幹、ジャン・ドゥンダル（五七）のことだ。

メルケルは会見で、トルコ国内で拘束されている記者や人権活動家らの釈放を要求した。これに対し、エルドアンは、ドゥンダルを「国家機密を漏らしたスパイ」だと言い放ち、身柄引き渡しを求めた。

ジュムフリエト紙は一五年五月、トルコがシリアのイスラム過激派に武器を供給していたことを報道した。ドゥンダルは国家機密漏洩などの疑いで同年一一月に逮捕された。判決当日には裁判所前で男に銃撃され、暗殺されそうになった。有罪判決を受けたが、控訴しスペインに滞在していた一六年七月にトルコでクーデター未遂事件が発生した。帰国すれば再び拘束されることは免れず、ドイツに渡った。

ドイツのメディアによると、エルドアンは、九月の会見にドゥンダルが出席するなら会見自体をキャンセルするとドイツ政府側を脅していたという。ドゥンダルは「(会見が中止になれば)エルドアンは外交的な危機を招いたと私を批判しただろう。これがエルドアンの戦術だ」と非難した。

エルドアン政権はクーデター未遂以降、政権に批判的な一八〇の報道機関を閉鎖し、少なくとも約二五〇〇人の記者らの職を奪ったとされる。一八年四月には国内最大のメディアグループが政権寄りの企業に買収された。エルドアンはメディアの九割を掌握したとされている。

国際NPO「ジャーナリスト保護委員会(CPJ)」によると、取材活動を理由に投獄されているジャーナリストは一八年一二月一日時点で、世界で計二五一人だった。国別ではトルコが六八人と三年連続で最も多く、一八年の報道の自由度ランキングでは、一八〇カ国・地域で一五七位に低迷していた。

「トルコは世界最大のジャーナリストの刑務所だ。もう自由な活動はほとんどできない」

と指摘するドゥンダル。亡命後は独紙への寄稿などのほか、トルコ語で「自由」と名付けた独自のニュースサイトを立ち上げ、トルコ語とドイツ語で情報を発信していた。

欧州では一七年、地中海の島国マルタで首相夫妻の不正資金疑惑を追及していた記者が車に仕掛けられた爆弾で殺害された。その後、記者の遺志を継ぎ、約一五カ国の記者が協力して真相を追及する動きが広がった。

ドゥンダルは訴える。「これは闘いだ。私たちジャーナリストはグローバルに連帯する必要がある。仮に政府が事実を隠そうとしても、一体となって真実を伝えていくことが重要だ」

†言論弾圧で目論む政治的利益

ＣＰＪから国別で最も多くのジャーナリストが投獄されていると批判されるトルコで一九年一月二九日、新たに一人のベテラン記者が刑務所に送り込まれた。アイシャ・ドゥズカン（五九）だ。筆者・奥田がトルコで取材した時、通訳やリサーチを手伝ってくれた。彼女はなぜ罪を負わなければならないのか。収監直前のドゥズカンを訪ねた。

イスタンブールの裁判所前。出頭するドゥズカンが、家族や記者仲間ら約三〇人と何度も抱き合った。ビデオカメラを構えた私服警察官とみられる男たちが遠巻きにしている。

しんみりとする雰囲気を和らげようと、ジャージー姿のドゥズカンは「運動に行くみたいでしょ」とおどけた。科せられた刑罰は、禁錮一年六月。所内で収監の手続きを終えると、「心配しないで」と笑顔で護送車に乗り込んだ。

ドゥズカンは、大手紙記者や月刊誌編集長などを務めたフリージャーナリストだ。専門は文芸評論やフェミニズム運動。シングルマザーで一人娘のハラジン（三一）を育て、四冊の著作もある。

トルコ・イスタンブールの裁判所から護送される前に弁護士と抱き合うアイシャ・ドゥズカン（右。2019年1月、奥田哲平撮影）

ドゥズカンは一六年五月、左派系日刊紙「Özgür Gündem（オズギュル・グンデン）」の編集長拘束に抗議し、連帯の意志を示す「日替わり編集長」運動に参加した。

トルコ当局は当時、同紙が「トルコ軍戦車がシリア国境で武装組織の攻撃を受けた」といった記事を掲載したことなどを問題視した。ドゥズカンの収監までに日替わり編集長を務めた五六人のうち三八人が起訴されたという。

ドゥズカンは「テロ組織の情報宣伝に加担した」罪で摘発され、一八年一一月、刑が事実上確定した。

一六年七月のクーデター未遂事件以降、非常事態宣言が二年間続いたトルコでは「テロ対策」を名目に言論弾圧が相次いだ。特にトルコからの独立闘争を続けてきた非合法武装組織クルド労働者党（ＰＫＫ）を敵視し、シリアのクルド人勢力もその分派とみなされた。オズギュル・グンデン紙は、少数民族クルド人の問題を精力的に取材してきた。

トルコのエルドアン政権は、クルド人を「敵」とみなし、愛国心をあおって支持を集めていた。ドゥズカンは「言論弾圧の延長線上に、政治的利益がある」と指摘し、「自国記者のペンを折る」政権の動きに危機感を募らせていた。

「本当の問題は、国民が真実を知る機会が奪われていること」と語るドゥズカンは、刑務所内から記事を書き続けるつもりだ。「まずはペンとノートを買うわ」。別れる前に、そう言い残した。

†クルド報道を敵視

オズギュル・グンデン紙が狙われたのは、クルド人問題に力を注いできたのが理由とみられる。一五年以上の長期政権を築いたエルドアン政権の言論弾圧では、クルド系や政府に批判的なメディアが多数、閉鎖に追い込まれている。

二〇一七年の憲法改正を経て強力な権限を手にしたエルドアンだが、一六年七月のクーデター未遂事件以前は、政治的に逆風が吹いていた。一五年の総選挙で、与党公正発展党（AKP）は単独過半数割れに追い込まれた。

その行方を左右したのがクルド人中心の国民民主主義党（HDP）の得票率だった。議席獲得に必要な一〇%を初めて超え、野党第二党に躍進した。大統領選にも出馬したセラハッティン・デミルタシュ共同党首（当時）はクルド系住民だけではなく、都市部のリベラル層からも人気を集め始めていた。

HDPは、トルコからの分離独立を掲げるPKKと一線を画すが、エルドアン政権は同一視する。選挙後にPKKとの和平交渉が破綻すると、軍の掃討作戦とテロの応酬が激化した。クーデター未遂事件後の一六年一一月には、デミルタシュを拘束した。政権は隣国シリアのクルド人勢力もPKKと一体化した「テロ組織」とみなし、同年から軍事介入を始めた。

軍の掃討作戦では多くのクルド人の若者が亡くなった。ドゥズカンは「紛争を終わらせるためにも、若者が命を落としているという紛争の真実を伝えないといけない」と考えていた。だが、紛争の報道は政権による収監につながった。

反政府派のレッテルが貼られると、業界内での再就職は容易ではない。

一六年秋に閉鎖された独立系テレビ局IMCのカメラマンだったエムラ・ドゥルン（三三）は、一九年の取材当時、姉とともにイスタンブール市内で喫茶店を経営していた。「シリア内戦や一三年の反政府デモで他局に勝る事実を伝えた自負はある。だが、その事実は政府には不都合だった」。欧米メディアに履歴書を送り、再びカメラマンに戻れる日を待つ。喫茶店にはIMCのロゴが入ったマイクカバーが飾られていた。

ドゥズカンと同じく「日替わり編集長」を務めた労働組合「プレスユニオン」代表のファルーク・エレン（五六）は、一九年三月に判決が言い渡される予定だった。記者歴三〇年以上のベテランで、ほかに四件の訴訟も抱えていた。エレンは企業メディアの枠を超え、記者同士が結束する必要性を訴えた。「政府がメディアを弾圧するのは、真実を伝えるわれわれを恐れているから。それが仕事を続ける希望だ」

†新法でSNSを締め付け

エルドアン政権は、政府に批判的なツイッターやフェイスブックのアカウントの閉鎖も進めた。二〇年一一月、SNSの規制を強化する新法に違反したとして、ツイッター社などに一〇〇〇万リラ（約一億三〇〇〇万円）の罰金を科した。反政府メディアの取り締まりが厳しいトルコでは、ＳＮＳは自由に発言できる数少ないメディアだった。利用者は新たな「言論規制」に危機感を強めていた。

新法は七月末に成立していた。利用者が一日一〇〇万人以上のＳＮＳ大手に対し、政府や裁判所が「不適切」と判断した投稿の削除や、国内に代表者を置くことなどを求めていた。違反するとアクセス制限や罰金、広告禁止などの措置がとられる。

罰金を科されたのはツイッター、フェイスブック、ユーチューブ、ＴｉｋＴｏｋ（ティックトック）などで、国内代表者を置かなかったためだという。トルコ政府は「法は順守しなければならない」と警告していた。

ＳＮＳは自由な発言や情報共有の場として利用されてきたが、新法成立以降、情報分析サイトやジャーナリストのサイトの削除が進んだ。トルコのジャーナリスト、ムラド（三四）は「ＳＮＳは重要なツールで、ここに規制が及ぶと情報発信できなくなる」と懸念を深めていた。

2 消えた記者

†疑惑の総領事館

サウジアラビアの著名な反政府記者ジャマル・カショギ（五九）が、二〇一八年一〇月二日にトルコ・イスタンブールのサウジ総領事館に入った後、消息を絶った。ロイター通信は六日、トルコ捜査機関がカショギは総領事館内で殺害されたとみていると報じた。この事件は、サウジの実力者ムハンマド皇太子（三三）を中心とした大きな国際問題へと発展していくことになる。

カショギは二日に結婚に必要な書類を受け取りに総領事館を訪れ、婚約者の女性が外で待っていたが、出てこなかったという。サウジ側は「カショギはすでに総領事館を離れた」と主張していた。

米紙ワシントン・ポストは複数の当局者の話として、ムハンマドがカショギを拘束するよう指示したことを示す会話を米政府が傍受したと報じた。一方、ムハンマドは三日、米メディアとのインタビューで「何も隠すことはない」と語り、トルコ側の捜索を受け入れる考えを示した。

また、ロイターなど複数メディアは六日、トルコ当局者の話として「初動捜査によると、カショギ氏は総領事館内で殺害されたとみられる。殺害は事前に計画され、遺体は館外に運び出された」と伝えた。カショギが領事館に入った二日に一五人のサウジ人が航空機でイスタンブールに到着し、館内に滞在していたという。

トルコとサウジアラビアの地図

ここで、サウジアラビアという国とカショギの関係について説明しておきたい。

サウジアラビアは、アラビア半島のイスラム教国。聖地メッカがあり、政教一致の絶対君主制をとる。人口約三三〇〇万人のうち一二〇〇万人を外国人が占める（二〇一八年当時）。一六年の国内総生産（GDP）は約六五〇〇億ドルで、アラブ諸国唯一の二〇カ国・地域（G20）

加盟国だ。原油生産量は日量約一二〇〇万バレル（世界二位）で、日本の最大の原油輸入元でもある。

国の実権は、次期国王と目されるムハンマドが握っていた。元来、イスラム教の戒律に厳格な国だが、ムハンマドは女性の自動車運転を解禁するなど社会変革を進め、若き改革者の印象をアピールしていた。一方で、政府批判には強硬姿勢で臨んでいた。

カショギは一九五八年にサウジ西部メディナで生まれ、米インディアナ州立大で学んだ後、サウジ英字紙やアラブ紙アッシャルク・アルアウサト、アルハヤトなどで記事を書いた。九〇年代、国際テロ組織アルカイダのウサマ・ビンラディン容疑者（米軍が殺害）に複数回インタビューするなど、アラブ世界で最も著名なジャーナリストの一人だった。情報機関トップの顧問を務めるなど王室と近い立場にあり、政府の内情を熟知していたとされる。

ムハンマドの政策に対しては、改革を約束しながら抑圧姿勢を続けているとカショギは指摘していた。サウジ政府がイスラム組織ムスリム同胞団をテロ組織と認定していることを批判するなど、率直な意見表明が当局の怒りを買い、地元紙への寄稿を禁止された。一七年九月に弾圧を恐れて米国に移住し、米紙ワシントン・ポストなどでムハンマドによる言論弾圧やイエメン内戦への軍事介入など独裁的な政権運営を厳しく批判していた。

†異様な犯行

カショギがサウジ総領事館内で殺害されたという疑いについて、サウジ政府は否定していた。トルコ当局は捜査内容を公表していなかったが、地元報道などからは犯行の周到さや異様さが浮き彫りになり、サウジ政府の発表と報道は食い違った。この後、政府発表は修正を繰り返すことになる。

地元報道などによると、カショギが結婚に必要な手続きのために、初めにイスタンブールの総領事館を訪ねたのは一八年九月二八日だったが、再訪を指示された。カショギは一〇月二日、婚約者を総領事館の外に待たせて「戻らなかったら、トルコの大統領顧問に連絡を」と告げて建物に入った。

この日、サウジから二機の私有機がトルコに到着した。一機は未明、別の一機は夕方だった。降り立ったのは、治安当局や軍人、法医学専門家ら一五人で構成された「暗殺チーム」とされ、一部はカショギの訪問前に館内で待機していたとみられる。その日、総領事館はトルコ人職員だけが休みとなった。

街の監視カメラの映像には、カショギの訪問の二時間後、二台の車に複数の箱が積み込まれ、総領事館を出発した様子が写っていた。うち一台は数百メートル離れたオタイビ総領事の公邸に入った。その後、一五人は四回に分かれて出国した。館内にあるはずのサウジ側の防犯カメラは取り外されていたという。

中東の衛星放送アルジャジーラなどは、カショギ殺害場面の音声記録が存在すると報じた。この記録によると、カショギは総領事館訪問直後に暴行を受けて殺害された上で、法医学専門家が遺体を切断した。殺害現場は総領事執務室という衝撃的な内容だった。

英国の中東ニュースサイト「ミドル・イースト・アイ」は、トルコ当局者の話として「カショギ氏は生きたまま切断された」と伝えた。切断の際、法医学者が「この仕事をする時は音楽を聴く。君たちもそうするといい」と言う声が録音されており、何らかの物質が注射された後、カショギの叫び声がやんだという。

†批判を避ける米国

世界中に衝撃を与えた事件に対しEU諸国の首脳が批判の声を上げる一方、米国のトランプ政権の動きは鈍かった。

事件の責任追及によってサウジとの関係が悪化するのを一番懸念していたのは、恐らくトランプだろう。国内雇用に直結する総額一一〇〇億ドル（約一二兆円）のサウジへの武器輸出の維持を最優先に位置付けており、サウジへの強い批判を避けたい事情があった。

米議会では、人権侵害の疑いを持たれているサウジへの強硬論が与野党に広がっており、共和党のボブ・コーカー上院外交委員長は「殺害したなら、われわれはサウジとの関係を大きく変えることになる」と牽制した。巨額の武器売却の議会承認見送りや最高首脳への制裁も示唆していた。

圧力強化を求める世論を受け、トランプも「事実なら厳罰が待っている」と歩調を合わせる一方で、武器輸出に関しては「中止すれば、サウジはロシアや中国から購入することになる。国内雇用を失いたくない」と繰り返した。

トランプ政権は、サウジと対立するイランへの経済制裁の第二弾として、一一月上旬からイラン産原油の禁輸に踏み切る計画があった。国内消費に悪影響を与える原油価格の上昇を防ぐため、世界最大の原油輸出国であるサウジに増産を要請しており、関係をあまり悪化させたくない本音がちらついた。

事件から二週間後の一〇月一六日、トランプはポンペオ国務長官をサウジの首都リヤドへ派遣し、ようやく対応に乗り出した。同日にはムハンマドと電話協議を行い、ツイッターには「ムハンマド皇太子はトルコの総領事館で何が起きたか全く知らなかった」「彼は捜査を既に始めていると言った。間もなく結果が出るだろう」と書き込んだ。皇太子をかばうような言動からは、公権力が言論の自由を脅かすことに対する危機感は感じられなかった。

†声上げるジャーナリスト団体

自身に批判的な報道を「フェイク（偽）ニュース」と攻撃するトランプは、同盟国による言論弾圧の真相解明に及び腰だった。折しもトランプは一六日、米国のペンクラブから、メディアを「国民の敵」などと脅迫するのは「言論の自由を保障する憲法修正第一条に違反している」と訴えられた。

国際ジャーナリスト組織「国境なき記者団（RSF）」によると、サウジでは一七年九月以来、一五人以上の記者らが拘束され、報道の自由度は一八〇カ国・地域中、一六九位と低かった。

RSFのクリストフ・ドロワール事務局長は、東京新聞の取材に「トランプ氏のように、サウジを明確に非難せず、妥協すれば、こうした行為が許されるとのメッセージを送ることになる。民主主義が試練に立たされている」と危機感を示した。

RSFなど欧米に本部を置く四つのNGOは一八年一〇月一八日、カショギ殺害疑惑について、国連による真相解明を求めるようトルコに促す声明を出した。「サウジやサウジとの商取引を保ちたい他国の隠蔽を防ぐには、国連の関与が最善だ」と主張し、関係国間の利害が絡む疑惑の捜査に疑問を投げ掛けた。声明に加わったRSF以外の三組織は、アムネスティ・インターナショナル、ヒューマン・ライツ・ウオッチ、ジャーナリスト保護委員会（CPJ）だった。

同声明では、パキスタンが〇八年にブット元首相暗殺を巡る調査を潘基文・国連事務総長（当時）に要請し、国連が独立調査機関を発足させた前例に言及した。カショギの殺害疑惑はサウジ政府の関与も取り沙汰される中、「徹底的かつ公平で独立した調査を速やかに始めるべきだ」と指摘した。

米ニューヨークの国連本部で記者会見したCPJのロバート・マホニー事務次長は、一八年だけで記者ら二七人が殺害され、二六〇人以上が拘束されていると説明した。「政治的理由による記者への弾圧が国際的に広がっており、全ての国が事件を深刻に受け止める必要がある。声を上げなければ、言論の自由が萎縮してしまう」と危機感を訴えた。

2018年10月、トルコ・イスタンブールで実施されたメディア関係者のデモで、掲げられたジャマル・カショギの写真（Chris McGrath／ゲッティイメージズ）

一方、米紙ワシントン・ポスト電子版は一七日、カショギの最後のコラムを掲載した。失跡が伝えられた翌日にカショギの関係者からコラムを受け取り、扱いを留保していたが、帰ってこないことを受け入れざるを得ないと判断し掲載したという。

「アラブ世界が最も必要としているのは表現の自由」という題名のコラムでカショギは、大部分のアラブ諸国に報道の自由がない現状と先行きに厳しい見方を示しつつ、ネットを遮断し、記者を逮捕する政府を非難した。その上で、市民が社会問題を自ら解決できるようになるため、政府の影響を受けず、自由に議論する場をつくる必要があると訴えた。

カショギは、元々王室に近い著名記者のため、現在の皇太子体制にとっては煙たい存在だったのだろう。知人らに身の危険を感じていると漏らし、英BBCでは「私は家族や仕事を離れて声を上げている。そうしなければ、獄中で苦しんでいる友人たちを裏切ることになる」と語っていた。

3 死亡認定

†口論で殴り合いと主張

事件から一八日後の一〇月二〇日、サウジ政府はカショギがトルコ・イスタンブールの総領事館内で死亡したと認めた。ただし、館内で口論となり、殴り合いの末に死亡したと主張し、計画的な殺害を否定した。

サウジ検察当局は、事件に関与した一八人を拘束し、情報機関のアフマド・アシリ副長官ら政府高官五人を更迭した。サルマン国王（八二）は同時に、情報機関を刷新する閣僚委員会を設置する指示を出し、委員長にムハンマド皇太子を任命した。一部のメディアは、アシリら側近に責任を負わせ、ムハンマドへの非難を避けたと報道した。

殺害疑惑を否定してきたサウジは徐々に追い詰められていた。前述のとおり、トルコメディアなどは失踪直後から、容疑者の足取りやサウジ政府の関与を示す捜査情報を報道していた。ムハンマドが尋問やサウジへ連行する計画を指示したとも伝えていた。海外企業が投資を手控える動きが広がり、トルコによる捜査結果が発表される前に、一部の責任を認めた格好だった。

発表では、容疑者らはカショギをサウジに連れ戻すため、面会した際に小競り合いになったとされる。ただ、口論となった原因や死亡後の遺体の処分については一切触れなかった。切断されたとされる肝心の遺体も見つかっていない。トルコ捜査当局は、カショギが尋問も受けず、入館直後に総領事執務室で殺害され、遺体が切断されたことを示す音声記録を持っているとされるが、その内容とも矛盾する。

サウジ当局は一八人を拘束したものの、捜査は政府自らが行うため、真相解明が進むとは考えづらかった。そもそも、絶対君主制のサウジに言論の自由はない。

事件への関与を疑われるムハンマドは、トランプ米政権との蜜月関係を後ろ盾に、強硬な政権運営を進めてきた。その結果がこの記者殺害疑惑ともいえた。トランプは一貫して「国王や皇太子は何も知らなかった」と擁護してきたが、国際的な信用失墜は免れなかった。

†欧米内で分かれた対応

サウジ当局による容疑者拘束を受け、トランプは西部アリゾナ州で記者団に「サウジは偉大な同盟国だが、起きたことは受け入れられない」と述べた。真相解明に向けた「とても重要な第一歩だ」と繰り返して対応を評価し、あくまでもサウジ政府擁護の態度は崩さなかった。何らかの制裁を科すとしても、武器輸出は中止したくないと強調し、ビジネス重視の姿勢を鮮明にした。

トランプの対応とは対照的に、英国とフランス、ドイツの三外相は一〇月二一日、「殺害を正当化できるものは何もなく、断固として非難する」との共同声明を発表した。死亡に至る経緯を明らかにした信頼に足る調査も要求した。

フランスのエマニュエル・マクロン大統領と英国のテリーザ・メイ首相は二四日、サルマン国王と相次ぎ電話会談し、事件の全容を公表するよう強く要求した。マクロンは「犯人に対し、パートナー国と国際的な制裁を科すことも辞さない」と表明した。フランスにとって表現の自由や報道の自由の擁護が極めて重要だと訴えた。

英国のメイ首相は同日、容疑者の入国を禁じ、ビザ（入国査証）を持っている場合は失効させたと明らかにした。メイは下院での質疑で「カショギ氏がけんかで死亡した」とするサウジ政府の発表について、「信用できる説明ではなく、依然として事実関係を早急に確定する必要がある」と強調した。

ドイツ政府は一一月一九日、サウジに対する武器輸出をすでに許可したものも含め全面的に停止すると発表した。また、事件に関与したとみられるサウジ国籍の一八人を入国禁止にする制裁措置をとった。一八人の氏名は明らかになっていないが、独メディアは、ムハンマドは含まれていないと伝えた。

ハイコ・マース独外相は今回の制裁について事前に英仏と調整したと説明した。一八人はドイツだけでなく欧州諸国で出入国審査を免除するシェンゲン協定に加盟する二六カ国に入国できなくなった。

†活動家らに広がる不安

事件を巡り、サウジの国外から人権抑圧に警鐘を鳴らす活動家らに不安が広がっていた。サウジでは前年来、ムハンマドが改革姿勢を国内外にアピールする陰で、反発する王族や宗教指導者、人権活動家を相次ぎ拘束してきた。カショギも皇太子の政策を厳しく批判していた。

英在住の人権派弁護士スルタン・アブドリ（四一）は、一三年にカショギの取材を受けた。一七年、友人から「名前が逮捕リストに載っている」と忠告されたため、母国を離れた。サウジ人からツイッター上で名指しで非難されたり、そのツイートにムハンマドの側近から「いいね」を押されたりしたこともある。「反体制派への組織的な中傷活動がネット上で行われている」と疑っていた。

カショギの事件を受け、アブドリは「私は政府を恐れてはいない。だが、脅迫を受けているように感じる」と警戒した。

以前から、サウジは海外での工作活動を活発化させていたとみられる。英BBCは一七年八月、過去二年間に現体制に批判的だった欧州在住の王子三人が拉致されたと報じた。一人は私有機でエジプトに向かったはずが、到着したのはサウジの首都リヤドで、そのまま消息が途絶えたという。

「サウジ学識者協会」を名乗るツイッターが一八年一〇月一八日、「サウジは不正義で不公平な政策で危機に直面している」と皇太子の解任を求める声明を出した。協会は構成員らを明らかにしていないが、カショギ事件で国際的な批判を浴びる事態に、国内でも皇太子への不満が高まっている可能性があった。

†王位継承に暗雲

サウジ検察当局は一〇月二五日、捜査の結果、実行犯らが事前に犯行を計画していたことがわかったと発表した。

それまでは「過失により死亡した」と主張していたが、トルコから提供された情報で確認されたと説明した。ただ、サルマンやムハンマドは計画を知らなかったとして、王室の関与を全面的に否定する姿勢は一貫していた。

ムハンマドの王位継承に暗雲が漂いはじめていた。サウジは皇太子は無関係として幕引きを図っていたものの、皇太子が不信を払拭するために、外交姿勢を軟化させる可能性が浮上した。

ムハンマドは、サルマンの息子として寵愛を受け、一五年に国防相に就任し、一七年六月に三一歳の若さで皇太子に昇格した。外交政策では好戦的な姿勢が目立ち、国防相時代にイエメン内戦に軍事介入し、戦況は泥沼化して「世界最悪の人道危機」（国連）を招いていた。

また、同月、イランと接近した隣国カタールと国交を断絶した。一一月にはレバノンのハリリ首相を事実上の軟禁状態に置き、辞任表明に追い込んだ（後に撤回）。高齢の国王に代わって改革開放政策を進める一方、汚職撲滅を名目に多数の有力王子を摘発し、権力基盤を固めることに成功した。一時は生前譲位の観測も出ていた。

しかし、カショギ事件がその流れを変えた。エジプト紙アルワタン研究員のバハア・アイヤドは「皇太子が予想されていたように早期に次期国王に即位するのは容易ではなくなった。彼のチャンスが完全に消えたとは言えないが、皇太子がサウジ唯一の意思決定者ではなくなるだろう」と指摘した。事件の行方は、ムハンマドを中心にした体制を揺るがすとみていた。

一方、一〇年からアイルランドで暮らす反政府活動家アブド・キアイヤット（三五）は「欧米や海外企業が関係を見直さない限り、皇太子は力を維持する」と別の見方を示していた。

†リークを使ったトルコの情報戦

事件を巡って、トルコ・エルドアン政権の老練な駆け引き外交が際立っていた。サウジや米国が殺害疑惑や政府関与を否定すると、その主張を打ち消すようなトルコ側の捜査情報がメディアで流れた。情報戦で圧力をかけ、政治決着を有利に運ぶ狙いが透けた。

カショギが行方不明になって以降、トルコ捜査当局は一切公式な発表をしていなかった。殺害疑惑の展開は、トルコ側の匿名の情報源を基にした報道先行で進み、結果的にサウジ政府への不信感が募る国際世論が形成された。

トルコの現地記者は、東京新聞の取材に「政府は報道機関を選別し、意図的に情報をリークしている」と指摘した。

エルドアンは「わが国で起きた出来事だ。無視することはできない」と捜査状況を見守る姿勢を示し、サウジ政府や王室を直接非難するのを避けていた。トルコは一六年、テロ組織を支援したなどとして、米国人牧師を拘束した。拘束を巡り、米国と経済制裁の応酬を演じ、「脅しには屈しない」と激しい米国批判を繰り広げた「エルドアン節」とは程遠かった。

カショギの事件と並行する形で、トルコは一八年一〇月一二日、米国人牧師を解放した。

これを受け、ポンペオ米国務長官は一七日、エルドアンと会談後に対トルコ経済制裁を解除する方針を示唆した。悪化していた対米関係を修復し、実利を得た格好となった。

アルティンバシュ大学のアフメト・カシムハン教授（国際関係学）はエルドアン政権の対応を「非常に慎重で戦略的だ。サウジとの二国間関係だけでなく、多国間外交と捉えている」と評価した。「サウジとの全ての橋を燃やすと、何も得るものがない。サウジの窮地を救う落としどころを見つけるだろう」と述べ、何らかの外交的取引で「貸し」を与える戦略とみていた。

4　幕引き

†アラブ民主化への夢

カショギが殺害される前日、英ロンドンでカショギと会談したイスラム政治思想研究所の元所長アッザム・タミミが東京新聞の電話取材に応じた。カショギはアラブ諸国で進む言論弾圧を案じ、民主化を促す新たな活動について話し合ったという。こうした活動を危険視したサウジ側が殺害を計画した可能性があった。

タミミによると、カショギは反体制派の意見を発信し、国際世論を形成する団体「今こそアラブ世界に民主主義を」（略称ＤＡＷＮ）の設立を計画していた。欧米メディアが伝える湾岸諸国の経済情勢をアラビア語で紹介するウェブサイト開設や、サウジ国内の反体制派に携帯電話の通話に必要な外国のＳＩＭカードを供給する活動を水面下で準備、支援していた。

カショギは会談の中で、一一年に中東で盛り上がった民主化運動「アラブの春」の反動で、抑圧が強化されていると懸念していた。「私は反体制派ではない。自分の国で起きていることを気の毒に思うだけだ」と話したという。

絶対君主制サウジの実権を握るムハンマド皇太子にとって、国内外から王政を揺るがそうとする動きは敵対行為に映る。カショギは、ムハンマドと対立するとされる有力王族と密接な関係もあった。米紙ワシントン・ポストによると、ムハンマドはカショギの失踪から数日後にトランプ大統領の娘婿クシュナー大統領上級顧問との電話で、カショギについて「危険なイスラム主義者だ」と強調していたとされる。

約二五年来の友人だというタミミによると、カショギは帰国すれば拘束されると警戒していたが、トルコや米国は安全だと考えていた。

「彼は命を賭して皇太子の真実を明らかにした」とタミミ。中東の衛星放送アルジャジーラによると、カショギが計画したDAWN設立に協力していた米国イスラム関係評議会のニハド・アワド代表は一八年一二月一六日、「数週間以内に（団体を）立ち上げる」と述べた。

†一方的な判決確定

サウジ当局の捜査は、ムハンマドの関与を否定したまま進んでいった。

サウジのモジェブ検事総長は一一月一五日、容疑者一一人を起訴したと発表した。うち殺害の指示役や実行犯とされる五人に死刑を求刑した。モジェブは記者会見で捜査結果を公表し、事件は九月末から計画され、トルコに送り込まれた工作チームがカショギを帰国させる目的だったと説明した。説得に失敗し、「殴り合いの末に拘束し、麻酔薬を注射したが、過剰投与して死に至った」とした。

解任された情報機関のアシリ前副長官がチームの派遣を決め、殺害は現場責任者の一人が指示したと主張した。ムハンマドの関与はなく、あくまでも情報機関が主導したとの筋書きに終始した。

しかし翌一六日、米ワシントン・ポスト紙電子版は複数の関係者の話として、ムハンマドが暗殺を命令したとCIAが結論付けたと報じた。米情報機関はムハンマドが関わっていたとの見方を強めていたが、結論が伝えられたのは初めてだった。

報道によると、CIAは「ムハンマドの指示を受けた実弟ハリド駐米大使が、カショギにイスタンブールに行き、結婚に必要な書類を取りに行くよう勧めた」「現場責任者がムハンマド側近に任務完了を伝えた」——などの情報に基づき、殺害を主導したと結論付けた。こうしたムハンマド関与の情報が度々表に出るなか、サウジ検察当局は一九年一二月、殺人罪などで起訴された一一人のうち実行犯五人に対し、裁判所が死刑判決を言い渡したと発表した。ムハンマドの元側近二人は罪に問われなかった。

発表によると、残る被告六人のうち三人が情報隠匿の罪で有期刑判決を受け、三人が証拠不十分で無罪だった。公判は一月から計一〇回開かれたが、被告の名前や詳しい審理内容は明らかにされなかった。殺害に至る経緯について検察側は「事前に殺害する意図はなかった」と計画性を否定した。

サウジ政府はムハンマドの関与を一貫して否定し、「工作チーム」を送った情報機関が現場で暴走したと説明していた。ムハンマドの元側近二人のうち、工作チームを派遣した情報機関のアシリ副長官は証拠不十分で無罪となった。実行犯と連絡を取り合っていたとされるカハタニ王室顧問は不起訴だった。二人は事件発覚後に解任されていた。

その後、カショギの家族は二〇年五月、「殺害した者に許しを与える」と表明した。サウジの裁判所は実行犯ら五人に死刑判決を言い渡していたものの、カショギの長男サラーハがツイッターに、イスラム教の聖典コーランの一節を引用し、ラマダン（断食月）に合わせて赦免すると書き込んだ。サウジの司法制度はイスラム法にのっとっており、実行犯らに対して減刑などの対応が取られる可能性が浮上した。

そして、サウジ検察当局は九月、殺人罪で死刑判決などを受けた実行犯ら八人について、裁判所が当初の判決を破棄し、新たに禁錮七年から二〇年を言い渡したと発表した。実行犯の名前や立場は一切明かされず、見直し理由も不明のまま一方的な事件終結となった。

カショギの婚約者は声明で「サウジ当局は世界に真実を伝えないまま事件の幕引きを図った」と非難した。国連特別報告者のアニエス・カラマールもツイッターで「公平性も透明性もない最後の判決を出した」と述べた。

†外交戦略で審理移管

サウジとは別に、トルコは自国で起きた事件としてカショギ殺害を捜査していた。その結末はどうだったか。

トルコ検察当局は二〇年三月、サウジ情報機関に所属する人物ら二〇人を起訴したと発表した。この中にムハンマドは含まれなかった。トルコ当局は一八人に「計画的な殺人」

の罪で終身刑を求刑した。ムハンマドの元側近で、事件後に解任された情報機関のアシリ副長官ら二人は「殺人を扇動した」罪で起訴された。

この後、イスタンブールの裁判所は二二年四月、起訴されていた被告の公判を中断し、審理をサウジへ移管すると決定した。

サウジ側ではこの時点で既に、八人を禁錮刑とする「最終判決」が出ていた。トルコはサウジ側の法的手続きに「疑問が残る」として独自に捜査を続けてきたが、はっきりしない形での事実上の幕引きとなった。サウジは有罪判決を受けた八人の氏名や役職を明らかにしておらず、トルコで起訴された被告らに含まれるかどうかは不明だった。

両国関係は、トルコの裁判所が審理をサウジへ移管したことで急速に改善した。まずエルドアンがサウジを訪問し、その後ムハンマドがトルコの首都アンカラを訪れた。ムハンマドの訪問はカショギ殺害事件以降初で、事件で断絶した両国関係の完全回復を印象づけた形だった。エルドアンは大統領宮殿で歓迎式典を開催し、両国の融和を国内外にアピールした。会談では安全保障やエネルギー、経済分野での相互協力などを確認した。

国内経済の悪化を食い止めようと、二三年に大統領選を控えたエルドアンがサウジとの関係改善を急ぎ、サウジもムハンマドの関与が疑われた事件にトルコが「幕引き」を図ったことで、トルコとの関係修復に動いたとみられる。

トルコ政治専門のアラブセンター戦略研究所（エジプト）のモハンマド・サデク博士は取材に「皇太子の訪問をもって両国関係は完全に「雪解け」したと言える。公式に関係回復が宣言されたのと同じだ」と話した。

†人権重視掲げたバイデン政権

米国のトランプ政権はサウジに総じて甘い姿勢だった。

その米国で二一年一月二〇日、民主党のジョー・バイデンが大統領に就任した。約一カ月後の二月二六日、カショギ殺害事件で、ムハンマドが「拘束または殺害する作戦を承認した」とする米国家情報長官室の報告書が公表された。

米報告書は、ムハンマドがカショギを王国の「脅威」とみて、暴力的手段を使うことも支持したと指摘した。「治安、情報機関を完全に掌握する皇太子の許可なく当局者が実行する可能性は極めて低い」と結論づけた。

報告書はトランプ政権当時にまとめられたが、イラン敵視で一致するムハンマドとの関係を重視して機密扱いし、公表を拒否していた。バイデン政権は人権や国際法を重視する考えで、前政権の方針を転換して公表に踏み切った。

バイデン政権発足で、米・サウジの関係は変わった。

「われわれは、カショギ氏を拘束または殺害する作戦をムハンマド皇太子が承認したと評価する」。機密解除された米国家情報長官室の報告書には、最も重要な結論が真っ先に明記されていた。米国が同盟国の事実上のトップを「殺人に関わっていた」と認定したのは異例の事態だった。

バイデンは、強権的な他国指導者を称賛し、人権を軽視するトランプを批判してきた。米国在住だったカショギ殺害の究明と責任追及は、大統領選の公約だった。バイデンがサルマン国王を自らの相手とし「ムハンマド外し」を進めるのは、核合意への復帰を目指しイランと協議するため、対イラン強硬路線を主導するムハンマドを抑える必要があるからでもあった。

カイロ・アメリカン大のサイド・サデク教授（中東政治）は「報告書の公表は皇太子の「政治的な暗殺」に等しい」と指摘した。一方で、米国がムハンマドを制裁対象外にしていることについては、「皇太子との関係も保ちつつ、報告書を交渉カードとする可能性がある」と話した。

サウジは米国のイラン核合意復帰に強く反対しており、サウジの反発を抑える政治的な手段として報告書を使うとの見方もあった。アラブセンター戦略研究所のモハンマド・サデク博士は「バイデン氏は前政権と近かった皇太子の重要度を低下させたがっている。前

年	月	
2014	8	エルドアン大統領就任
2015	11	トルコによるシリア過激派支援の記事巡りドゥンダル逮捕
2016	7	クーデター未遂事件
2018	4	政権寄り企業が国内最大メディアグループを買収
	9	エルドアンと独首相の会見で、記者がドゥンダル事件に抗議
	10	イスタンブールのサウジ総領事館で著名記者カショギ殺害
2019	1	ベテラン記者ドゥズカン投獄
2020	7	SNS規制強化の新法成立
2023	5	大統領選でエルドアンが再選

トルコの報道を巡る動き

政権時と同じ扱いはしないだろう」と指摘した。

サウジ側も報告書公表に反発しているものの、人権重視のバイデンに対応するため、問題改善に向けた動きがみられた。二月一〇日、サウジは一八年から拘束していた女性人権活動家ルジャイン・ハズルールを釈放した。人権で改善姿勢を示すことで、米国との対立を避けたい思惑があった。

†苦境による変質

ムハンマドと距離を置いていたバイデン政権だったが、同時に、外交安全保障政策の焦点を対中国に移す中で、中東情勢の安定に向けて同盟国サウジの協力を得たい本音もあった。

バイデンは自国内の急激な物価高で苦境に立っていた。二一年一〇月のインフレ率は過去三〇年で最悪の六・二％（前年同月比）で、バイデンの支持率は低迷していた。物価上昇の一因である原油高騰にも対処できておらず、その背景には世界最大級の産油国サウジに対する人権外交が影を落としているとの指摘があった。インフレは歴史的に政権の命運を左右してきた。フォードとカーターの二人の元大統領が再選できなかった大きな要因としてインフレがあると指摘されている。

そうした中、米ホワイトハウスは二二年六月、バイデンが七月にイスラエルとパレスチナ、サウジを歴訪すると発表した。インフレの抑制が政権の最重要課題に浮上するなか、米高官は「バイデン氏の人権問題に対する考え方は変わらない」と強調し、会談でも人権問題を取り上げるとした。

バイデンは七月、サウジ西部ジッダで、ムハンマドと会談した。米側は、会談冒頭で一八年のカショギ殺害事件を取り上げ「(皇太子に)責任があると思っている」と直接伝え、人権問題への強い懸念と政治改革の必要性を訴えた、としていた。

バイデンは会談後に単独で会見し、「米大統領が人権問題について沈黙することはない」との趣旨を伝え、ムハンマドの関与に言及したと説明した。「この問題は私と米国にとって極めて重要だと伝えた」と述べた。ムハンマドは自身の関与や責任を否定し、「関係者は処罰した」と答えたという。バイデンはカショギ殺害事件の責任に言及したものの、関与を否定したムハンマドを追及することなく終わったようだ。原油増産をサウジに期待するなか、人権問題を棚上げしたかのような姿勢に批判も上がった。

ムハンマドに対する直接批判を避ける姿勢には失望の声もあった。自動車運転を理由に約三年間拘束された女性活動家ルジャイン・ハズルールの妹リナは、ツイッターに「バイデン氏は今回の訪問を中東の安定化のためと正当化したが、これは私たちの求めている安定化ではない」と訴えた。

結果として、バイデンのサウジ訪問は成果が薄かった。看板政策に掲げる「人権重視」に傷を付けてまでサウジを訪問したが、最大の目的だった原油増産の確約は得られなかった。中東でのロシアやイランへの包囲網も築けず、国内外からのバイデンへの逆風がさらに強まる可能性があった。

カショギがコラムニストを務めていた米紙ワシントン・ポストは「恥じるべきだ」と非難した。

二カ月後の二二年九月、ムハンマドはサウジの首相に就任した。サウジでは通常、国王が首相を兼任する。それまではサルマンが務めていた。

ムハンマドへの王位継承の流れが改めて鮮明になったが、カショギ殺害を巡る闇とサウジ内に鬱積する不満は消えていない。

そのサウジの行く末は原油輸入に大きく依存する日本にとっても人ごとではない。二〇二三年三月に発表されたサウジとイランの電撃的な国交正常化は、中国が仲介したという意味でも衝撃だった。さらに建国一〇〇周年を迎えるトルコでは、五月の大統領選でエルドアンが勝利し、さらに五年の任期を得た。

トルコはウクライナ侵攻を巡る仲介役を務め、ロシアとは切っても切れない関係だ。中東における米国の影響力が薄れ、大国であるサウジやトルコが権威主義的な中ロとの親密度を高めれば、カショギが望んだ中東での言論の自由は遠のくばかりになるだろう。

第 6 章

ミャンマー

軍と報道

北川成史

クーデターから間もない2021年3月、ミャンマーのヤンゴンで、ヘルメットをかぶり抗議活動を取材するエイミサン(本人提供)

1　抵抗する記者たち

†国外からの発信

隣国に逃れたジャーナリスト夫婦のオフィスは、町外れの民家だった。

二〇二三年一月、筆者はミャンマーと接するタイの国境地帯を訪れた。家の借り主は、ミャンマーの独立系メディア「メコン・ニュース」で働く夫のアウントゥンミン（四四）と、妻で「ビルマ民主の声（DVB）」のエイミサン（四一）。二人はここで、九歳と四歳の娘や姪と暮らしながら、母国の状況を発信し続けていた。

二一年二月一日、ミャンマーで国軍のクーデターが起きた時、アウントゥンミンとエイミサンは、同国の最大都市ヤンゴンにいた。国軍は二〇年一一月の総選挙で大規模な不正があったという理由で、七五歳になっていたアウンサンスーチー国家顧問をはじめ、ウィンミン大統領ら国民民主連盟（NLD）政権の幹部を未明に拘束した。非常事態を宣言し、ミンアウンフライン総司令官が全権を握った。

NLDが圧倒的勝利を収めた総選挙後、初めての連邦議会（国会）の開会日に国軍が起こした暴挙は、世界中に衝撃を与えた。その数日後から、ミャンマー国民の憤怒は街頭デモとなり、国全体に広がっていった。

アウントゥンミンとエイミサンも街頭に出て、抗議のうねりを追い掛けた。大規模化す

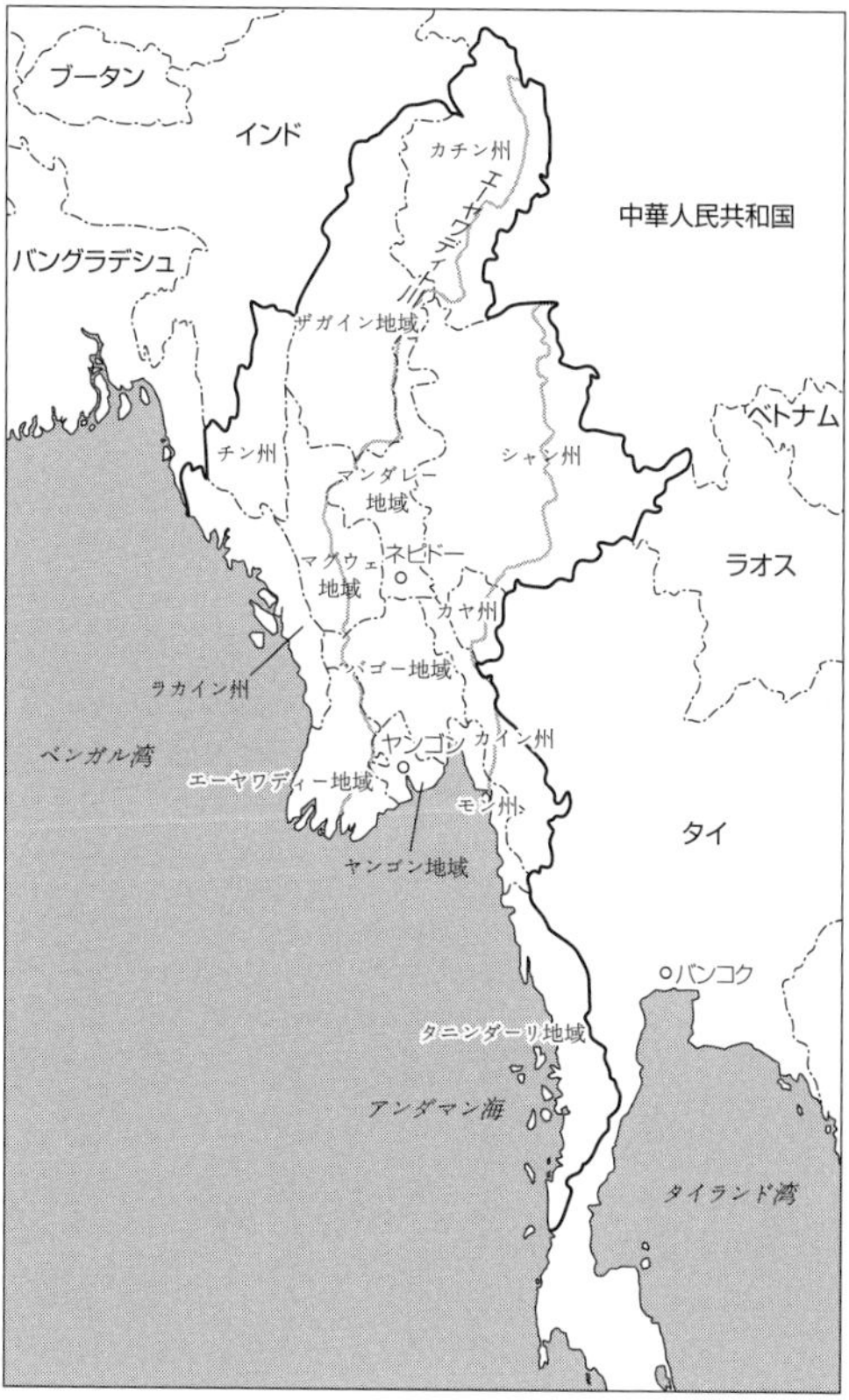

ミャンマーの地図

るデモに対し、国軍は武器を使用した強硬な押さえ込みを図るようになっていった。「デモの実施場所に駆けつけ、カメラを回した。銃弾が脇を飛び、参加者が殺された現場もあった」。エイミサンは振り返る。ヘルメットや防弾チョッキで身を固めた(六章扉)。黒い箱の中にカメラを仕込み、親族の車から撮影したこともある。取材に行った日の夜は自宅に帰らず、別の場所で過ごした。跡を追われ、拘束される恐れがあるためだ。

国軍のメディアへの圧力も強度が増していった。二一年三月上旬、DVBやミッジマなど五社の報道免許が剝奪された。いずれもクーデターに反対する独立系メディアだった。免許剝奪はその他の会社にも及んだ。ミャンマーのメディアは、国営か国軍寄りでない限り、メコン・ニュースを含めて非合法扱いになった。免許剝奪と同時期に、エイミサンの同僚のDVB記者二人が、偽ニュースの流布や扇動行為を罰する刑法の条項に違反した容疑で逮捕された。

長く映像メディアに身を置き、現場レポートをしてきたエイミサンの顔は国軍に把握されている。

「国内にいたら捕まえに来るのを待っているようなもの」。エイミサンは同月中にヤンゴンを離れ、国軍と敵対する国内の少数民族地域に身を潜めるなどした後、二二年三月、アウントゥンミンや娘らとともに、タイに脱出した。

†ジャーナリストを恐れる国軍

エイミサンがジャーナリストになったきっかけは〇七年の反軍政デモだった。

長年の軍事政権下で多くの人が生活に苦しむ中、仏教僧が立ち上がり、市民が呼応して、大規模なデモに発展した。仏教僧がまとう僧衣の色のイメージから「サフラン革命」と呼ばれた。そのデモに、ダゴン大の学生だったエイミサンもいた。

平和的なデモに対し、国軍は武力で応じた。仏教徒が九割を占めるミャンマーで、尊敬の対象である僧侶にも暴力を振るった。

九月二七日、ヤンゴンでのデモの時だった。銃声が響き、エイミサンは逃げた。凶弾に倒れたのが日本人ジャーナリスト長井健司（五〇）だったと後に知った。

国軍は力で国民を押さえ込んだ。その手法に激しい怒りを覚え、DVBで仕事を始めた。

DVBは一九九二年、反軍政の亡命ミャンマー人によってノルウェーの首都オスロで創設された。軍政期、ミャンマー国内での活動は認められず、エイミサンらはアンダーグラウンドのジャーナリストだった。

エイミサンの最初の大きな仕事は〇八年、サイクロン「ナルギス」の現場取材だった。〇八年五月、ナルギスがミャンマーを襲った。エイミサンは最も被害を受けたとみられる南部エーヤワディー地域に向かった。当時の軍政が被害実態を正確に公表していると思えず、自分の目で確認するためだった。

被災地の状況は、国軍が表に出す断片的な状況と比べ、段違いにひどかった。エーヤワディー地域に入り、被災地の状況を見るため川をボートで移動した。水面に浮かんだ多数の死体を竹の棒でどけながらでないと、前に進めないような状態だった。

「国軍の対応の誤りで多くの人が亡くなった。それにもかかわらず、国軍は死者の数を少なめに発表し『大丈夫ですよ』と言った。嘘だらけだった」。エイミサンは憤る。ナルギスによる死者・行方不明者はその後、約一四万人とも、それ以上とも言われた。

軍政下での報道活動は恐怖と隣り合わせだった。国軍関連の取材の際、服や鞄、新聞、ゴミ箱などに小さな穴を開け、内側にカメラを潜ませて隠し撮りした。撮影後はすぐに現場から逃げた。当時、バイクに乗るのは主に国軍の人間だった。バイクの音がするたびに緊張が走った。

エイミサンと同様、アウントゥンミンもサフラン革命の後、報道の世界に進んだ。まずDVBに入り、アンダーグラウンドのジャーナリストになった。

「サフラン革命の時は自分もデモに参加した。目の前で他の参加者が殺された。長井さんが殺された時も近くにいた。銃声がしたので逃げた。その後、出回ったビデオ映像を見たら長井さんだった」。アウントゥンミンは思い返す。「国軍は事実を伝えるジャーナリストが怖いんだ。ニュースが怖いんだと分かった。だから、ジャーナリストになり、ニュースで戦おうと決めた」

〇八年五月、ナルギスの被害が広がる中で、国軍は新憲法の国民投票を強行した。新憲法は国会の議席の四分の一を軍人枠とし、内務、国防、国境担当の三大臣を国軍総司令官が指名する仕組みにするなど、民主的とは言い難かった。非常事態には立法、行政、司法の三権を国軍総司令官が掌握する規定もあり、二一年のクーデターでは実際に使われた。国民が歓迎するとは思えない内容にもかかわらず、〇八年の国民投票で投票率九八％、賛成九二％という信じがたい数字が発表され、新憲法が制定された。

アウントゥンミンは国民投票の実態を追うため、ヤンゴン郊外を取材していた時、治安当局に逮捕された。許可外の場所でのカメラ撮影が直接の拘束理由のようだったが、裁判では、タイからミャンマーに不法入国した罪に問われた。財布にタイの人物の住所と電話番号が書かれた名刺が入っていたということが不法入国の証拠とされ、有罪判決を受け、ヤンゴンから遠く離れた西部ラカイン州の刑務所に収監された。

アウントゥンミンの拘束は三年間に及んだ。解放されたのは一一年五月、ミャンマーが新憲法に基づく総選挙を経て、不十分ではあるものの民政移管となり、国軍出身のテインセインが大統領に就任した後だった。

民政移管後、民間メディアの活動が認められるようになり、事前検閲制度が廃止された。DVBもミャンマー国内での活動が認められ、正式に拠点を設けた。

「その時のうれしさは言葉にできない。アンダーグラウンドの存在から、正々堂々とやりたい活動ができるジャーナリストになった。長く待ち望んでいたことが実現したのだから」。エイミサンはかみしめる。

一二年六月一九日、エイミサンとアウントゥンミンは結婚した。軍政下での長い自宅軟禁から解放された民主化運動の指導者アウンサンスーチーの誕生日に、結婚の日を合わせた。スーチーは一〇年一一月に解放された後、一二年四月の補欠選挙で下院議員になっていた。

一五年一一月の総選挙でスーチー率いるNLDは圧勝し、一六年三月、約半世紀ぶりの文民政権を誕生させた。国家元首は大統領だが、実質的なトップは、カリスマ的な人気を持つ国家顧問のスーチーだった。

軍政期と異なり、インタビューや現場でのレポートも自由度が増した。二〇年一一月、総選挙で再び、NLDが大勝した。民主化や自由化の流れが進むと思われていた中で起きたのが、国軍によるクーデターだった。

アウントゥンミンは二〇年にDVBを離れ、クーデター時はフリーの立場でデモを取材していた。タイに逃れた後の二二年五月、メコン・ニュースに入り、編集長になった。

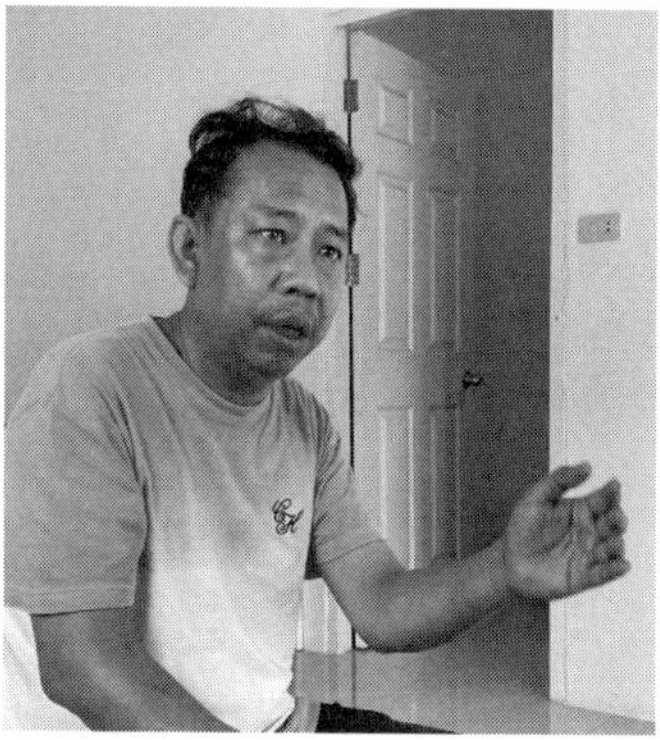
「国民は何も見えず、聞こえない状態」と怒りを表すアウントゥンミン（2023年1月、タイで、北川成史撮影）

「ミャンマーでは報道の自由がなくなり、国民は目と耳を奪われた。何も見えず、何も聞こえない」。アウントゥンミンは怒りを表す。生活や将来の見通しが立たなくなり、職を離れたジャーナリストも少なくないという。
クーデター後、民間メディアの活動が制約される傍らで、市民によるSNSでの情報発信が補完的な機能を担った。これに対し国軍は、通信会社にSNSへの接続の遮断を命じたり、ネット接続自体を制限したりという強硬策を採った。さらに、国軍に批判的な投稿者らを拘束した。圧力が強まる中で、情報量は減っていった。

国軍にとって都合の悪い事実に蓋をされる恐れが広がる中、国民の目と耳になるため、エイミサンやアウントゥンミンは隣国から発信を続けていた。アウントゥンミンによると、同様にタイに逃れたジャーナリストは約二〇〇人に上るという。

エイミサンらはミャンマー国内に潜むジャーナリストから得たニュースをSNS上で報じている。

独立系メディアの多くのスタッフは国外や隣国との国境地帯に退避した。一方で、ヤンゴンなど主要地域にもジャーナリストや協力者が潜伏し、密かに取材を続けていた。こうした国内のジャーナリストらは当局の監視の網に掛からないように住居をこまめに変え、通信制限を避けるためVPN（仮想私設網）を経由するなどして情報を送ってくる。やり取りは常に緊張をはらみ、危険と隣り合わせだ。

例えば、アウントゥンミンの同僚で、ミャンマー国内で活動していたマウンマウンミョーは二二年五月、東部カイン州で当局に拘束された。テロ対策法違反の罪で起訴され、七月に禁錮六年の実刑判決を受けて、刑務所に収監された。

アウントゥンミンやジャーナリスト団体によると、マウンマウンミョーは民主派がつくった武装組織「国民防衛隊（PDF）」と国軍との衝突を取材するため移動中、検問所で携帯電話を調べられた。当局は、非合法扱いになったメコン・ニュースのリポートをフェイスブック上で共有しているのを見つけ、マウンマウンミョーを逮捕したという。

同じ七月、ミャンマーでほかに少なくとも二人のジャーナリストが実刑判決を受けた。このうち一人は、エイミサンの同僚であるDVBのジャーナリスト、アウンサンリンだった。テロ対策法違反罪のほか、扇動や偽ニュースの流布を罰する罪で、懲役六年の実刑判決を言い渡された。

アウンサンリンは二一年一二月、国軍が北西部ザガイン地域でNLDの支持者三人の家に放火したというリポートを発表して間もなく、真夜中に自宅に踏み込んできた約二〇人の国軍兵士によって逮捕されていた。

†歴史の記録を残す

クーデター後、二年余りが過ぎたころ、筆者はミャンマー人ジャーナリストのウィル（仮名）に話を聞いた。ウィルは三〇代で、約一〇年のキャリアを持つ。ヤンゴンに残り、取材を続けていた。

「国軍による市民への抑圧や犯罪行為を追っている」とウィルは話した。そうした国軍にとっては煙たい内容の記事や写真、動画を独立系メディアや海外メディアに送っていた。

財政基盤が脆弱な独立系メディア向けには、無報酬でも仕事をするという。

ウィルは数人のプロのジャーナリスト仲間と活動していた。それに加え、仲間と運営する団体で講習会を開き、取材の手法と倫理を教えた市民ジャーナリストとも連携していた。北西部のザガイン、中部のマグウェ両地域など、国軍と民主派の戦闘が激しく、足を踏み入れにくい場所については、現地にいる市民ジャーナリストに、情報を送ってもらうのだ。

国軍の弾圧はウィルにとっても人ごとではなかった。「自分の周りで、扇動やテロ対策法違反の容疑で逮捕されたジャーナリストが二〇人近くいる」と明かした。「クーデター後、安全のため、少なくとも六、七回は引っ越した。友人宅に身を隠すこともある。取材したデモの参加者やインタビュー相手が逮捕されたと知った時は、すぐに住まいを変える」。ウィルは胸中にある不安を認めた。「もちろん恐い。捕まった時、どんな拷問をされるか、想像もつかない」

それでも、ミャンマー国内での取材にこだわっていた。「現場に足を運ばなければ、事実は分からない。自分は前からずっと、そういう仕事をしてきた。クーデター後は当局発を含めて、デマが飛び交っている。真実を伝える存在に自分はなりたい」

国際ジャーナリスト組織「国境なき記者団（RSF）」などによると、ミャンマーではクーデターから二年たった二三年二月の時点で、少なくとも計一三〇人のジャーナリストが逮捕され、七二人の拘束が続いていた。また、二年間でジャーナリスト四人が殺害された。殺害された四人のうち三人は拘束中に、一人は国軍の砲撃で死亡したという。

「民政移管前の軍政期より、クーデター後はもっとひどい」。タイから発信を続けるアウントゥンミンは、かつての軍政期に投獄された自身の経験も踏まえ、エイサミンと口をそろえる。「以前は捕まるだけで済んだかもしれないが、今は拷問され、場合によっては殺される」

国軍の報道官は二二年九月、民主派勢力が発足させた対抗政府「挙国一致政府（NUG）」のSNSの投稿をシェアしたり、「いいね」を押したりするだけで、最長で禁錮一〇年を科すと警告していた。国軍の抑圧の手法はエスカレートするばかりだった。

一方、国外にいるからといって、安全が保障されたわけではない。タイでのアウントゥンミンとエイサミンは、隣国から密入国した非合法な存在でもある。事実、二一年には、エイサミンの同僚であるDVBの記者ら計五人が、タイで不法入国容疑で逮捕され、身柄を受け入れる第三国に逃れることで強制送還を免れたという出来事があった。

さまざまなリスクを背負いつつ、報道を続けるのはなぜか。

「事実を報じるニュースが国民にとってどれだけ大切かを分かっているから」。アウントゥウンミンはそう話した上で、ウィルのように命を賭して情報を伝える仲間にも思いを馳せた。「ミャンマー国内にいるジャーナリストのためにも、自分はやらなければならない」

エイミサンはこう力を込めた。「ニュースは歴史の記録。メディアの力で国軍の犯罪の記録が残せる」

ニュースの拡散に伴い、国軍に対抗する民主派への国際的な支援が広がることもエイミサンらは期待していた。ちょうど、筆者がエイミサンらにインタビューする直前の二二年一二月、米国のバイデン政権は、ミャンマーの民主化を支援し、国軍幹部らへの制裁を強化する内容の「ビルマの軍事的責任の厳格化法（ビルマ法）」を成立させた。ミャンマーの独立系メディアやジャーナリストを後押しする方針を明確にしたところだった。

エイミサンはもう一つ付け加えた。「私も母になった。自分の子どもや孫、それに続く世代のためにも軍政を終わらせなければならない」

†道半ばだった自由

ミャンマーでの報道の自由を巡り、触れておきたい点がある。一一年に民政移管し、民主化へと歩み始めたミャンマーだったが、クーデター前、一六年以降のスーチー率いるNLD政権下でも、報道の自由の保障という面で道半ばだった事実だ。

象徴的な事例が、第一章でも言及したが、少数派イスラム教徒ロヒンギャの虐殺を追っていたロイター通信のミャンマー人記者二人が逮捕され、実刑判決を受けた事件だ。国軍の兵士らが西部ラカイン州でロヒンギャ一〇人を殺害した事件を取材していたワロン（三二）とチョーソウウー（二七）の両記者は、一七年一二月、治安部隊の極秘資料を警察から入手したとして逮捕された。

裁判の過程で、証人出廷した警察官が、記者らに書類を渡し、逮捕を仕組むように幹部の指示があったとでっちあげを証言したが、一八年九月、ヤンゴンの地区裁判所は国家機密法違反罪で、両記者に禁錮七年の実刑判決を言い渡した。両記者は無罪を主張して争ったものの、最高裁が一九年四月、上告を棄却して判決が確定した。

翌五月に大統領恩赦で釈放され、「報道の自由の侵害」という国際的な批判に、NLD政権側が耐えられなくなった格好となったが、両記者の拘束は五〇〇日以上に及んだ。ミャンマーの民主主義の進展と司法制度に、不安と不信感は消えなかった。

さらに、後味を悪くしたのが、国軍兵士との扱いの差だ。

両記者が手がけたロヒンギャ殺害事件のリポートは、最高裁判決と同じ一九年四月、米報道界最高の名誉とされるピュリツァー賞を受けた。事件に関わった人物から証言を取り、首を切られるなどして息絶えた一〇人の写真とともに事実を伝え、兵士たちの犯罪を明るみに出した。綿密な取材が高く評価された。

殺害の事実自体は国軍も否定できず、兵士ら七人が一八年、軍事法廷で懲役一〇年の判決を受けた。ところがその後、兵士らが一年未満で釈放されていたことが判明した。

国軍は憲法で国会議席の四分の一を与えられるなどの特権を持つ。少数民族との内戦終結で国軍の協力を得たいNLD政権は、ロヒンギャ迫害問題でも国軍に強く出なかった。

こうした事情を背景に、国軍と市民、特に国軍に批判的な人物との間での公平性の欠如が、クーデター前から浮かんでいた。

†ペンか銃かの選択

クーデター前、表現の自由を求めるミャンマー市民らでつくる組織「アッタン」(ミャンマー語で「声」)は、表現活動を巡る自国の状況を調査し、度々発表していた。

アッタンは二〇年、NLD政権が一六年三月に発足してから四年間で、報道などの表現活動に絡み、記者や市民が法を犯したとして訴えられた事例の調査結果を公表した。

それによると、記者や市民が訴えられたケースが五三九件に上った。このうち国軍が訴えを起こしたのは五二件だった。

スーチーへの批判に対し、政党や公務員が訴えたケースが一九件、政府批判に対し政党

年	月	
1962	3	国軍のネウィン大将がクーデター。軍政に
1988	8	民主化求める大規模デモ。国軍が弾圧
1989	7	民主化指導者アウンサンスーチー最初の自宅軟禁に
2007	9	僧侶と市民の反軍政デモ広がる。長井健司死亡
2008	5	サイクロン「ナルギス」直撃。新憲法の国民投票
2010	11	スーチー解放。軟禁は3度、計15年にわたった
2011	3	テインセイン政権発足。民政移管
2015	11	総選挙でスーチー率いるNLD圧勝
2016	3	NLD政権発足
2017	8	ロヒンギャ武装勢力と治安部隊衝突。難民大規模発生
2019	4	ロヒンギャ虐殺報道の2記者実刑判決確定。翌月恩赦
2020	11	総選挙でNLD再び圧勝
2021	2	国軍がクーデター。スーチーら拘束
	3	DVBなど5社の報道免許剥奪
	4	民主派が挙国一致政府（NUG）設立
	5	NUGが国民防衛隊（PDF）の発足発表
2022	7	著名民主化活動家ら4人の死刑執行

ミャンマーを巡る動き

などが訴えたケースが八件あった。

訴えられた人数は計一五一一人。一般市民が四九五人、活動家が三二六人、記者などメディア関係者が六七人を占めた。

適用法令は、ネット上の名誉毀損などを取り締まる電気通信法違反罪が二二九件、デモや集会の申告を義務付ける平和的集会・デモ行進法違反罪が九一件だった。英国植民地時代に制定された非合法結社法違反罪なども適用されていた。

また、人権団体「フリー・エクスプレッション・ミャンマー」の地元記者らへの調査によると、表現の自由が低水準と答えた割合は、二〇年は五九％で、前年から一三ポイント悪化した。

NLDは政権獲得を決めた一五年の総選挙で、報道の自由も公約にしていた。アッタンの中心人物で詩人のサウンカは「ロイター記者らの釈放も、国内外の圧力があったからというだけだった。政府や国軍は、完全な報道の自由を与えたくないようだ」と憤っていた。

ミャンマーは一九六二年以降、国軍を主体とする一党独裁の社会主義政権期を含め、二〇一一年まで約半世紀、軍政が続き、報道の自由は著しく制限された。事前検閲制度が廃止されたのは、国軍出身ながら改革志向のあったテインセイン大統領時代の一二年。国営に限られていた日刊紙の発行が民間に認められたのは一三年だった。

ただ、その後のNLD政権下でも一部の情報は国営新聞経由で発信された。政府の財政的後ろ盾がある複数の国営メディアの存在は、長い軍政のために民間メディアが十分成長していない環境で、民業圧迫にもなった。

そうした脆弱な民間メディアの基盤をクーデターは力任せに破壊した。

なお、表現の自由を求めて活動していたアッタンのサウンカはクーデター後、武装組織を結成した。武器を持ち、国軍との闘争に身を投じた。サウンカが銃を捨て、穏やかな気持ちでペンを持てる日はいつ訪れるだろうか。

2 日本人拘束

†取材しただけで犯罪

二二年七月三一日午後、真夏の太陽が照りつける猛暑の中、東京・外務省前に在日ミャンマー人や日本人ら約一〇〇人が集まった。「日本政府はミャンマー軍部に圧力をかけてください」。参加者らは若い男性の写真を掲げていた。この前日、ミャンマーでクーデターへの抗議デモを取材中に拘束されたドキュメンタリー映像作家、久保田徹（二六）の解放を求める街頭活動だった。

フリージャーナリストの北角裕樹（四六）もマイクを握り、叫んだ。「どうしてデモや取材をしたことが罪になるのか」。そして、思いを込めて言った。「友人なんです」

クーデター後、拘束された日本人は久保田で二人目となる。一人目が北角だった。国軍による報道や表現の自由の侵害は、日本人も無関係ではなくなっていた。

元日本経済新聞記者の北角は、ミャンマーが民政移管した後の一四年、ヤンゴンを拠点に取材活動を始めた。「現地の記者たちの「これからは自由に政府を批判する記事も書けるんだ」という熱気にあふれていた」と振り返る。北角はミャンマーで映画の製作にも関わった。一七年に監督した短編コメディー「一杯のモヒンガー」は、いくつかの映画祭で賞を獲得した。

人々は将来への夢や希望を抱いていた。「国軍はそれを一夜で吹っ飛ばした」。北角はクーデター後、ミャンマー市民の怒りと絶望感を肌で感じつつ、日本のメディアやインターネットを通じて、生々しい現地の情勢を伝えていた。

クーデターから三週間余りたった二一年二月二六日、北角はヤンゴンでデモを取材中に拘束された。幸い、この時は同日中に、大きなけがもなく解放された。

北角によると、ヤンゴンの大通りで、カメラを手にデモの取材をしていた時、警官隊に取り囲まれた。警官に腕をひねり上げられ、「PRESS」と書いたヘルメットの上から警棒で殴られ、拘束された。護送車で警察署に連れて行かれたが、日本大使館との電話が許され、拘束から五、六時間後に釈放された。

「外国人だから早めに釈放されたのだろう」と北角は振り返る。翌二七日には友人のミャンマー人ジャーナリストが逮捕され、拘束が続いた。

北角は解放されたものの、情勢は悪化の一途を辿った。デモに対する国軍の弾圧は二月下旬ごろから激しくなっており、市民の死者は日を追うに従って増えていった。三月中旬、ヤンゴンの一部地域は戒厳令の対象になった。国民の情報共有を阻むため、携帯電話を使ったネット接続の遮断もなされた。

†「悪辣」非難を狙い撃ち

北角は四月一八日、ヤンゴンで再び拘束された。最初の拘束後も現地で活動を続け、デモの様子や自身の体験をフェイスブックなどに投稿し、国軍の振る舞いを「悪辣」と非難していた。今回は自宅から連行されており、北角を狙い撃ちした拘束だった。

北角によると、午後七時半ごろ、自宅にいた時に呼び鈴が鳴った。ドアを開けると、警察官や国軍兵士、入管職員ら七、八人がいた。警察官らは室内を捜索し、パソコンやカメラを押収した。北角はトラックに乗せられ、多くの政治犯を収容するインセイン刑務所に移送された。

その後、英語ができる受刑者の通訳で、計七、八回の事情聴取を受けた。取調官が机を叩き、威圧的な態度をとることもあった。人間関係について詳しく聞かれたが、逮捕容疑の具体的な内容は告げられなかった。拘束から二週間以上過ぎた五月四日、正式裁判前の予審が刑務所内の裁判所で開かれた際に、ようやくある程度の中身が分かった。

北角には偽ニュースの流布や扇動行為を罰する刑法の条項が適用されていた。国軍に批判的な記者によく使われる罪だ。知人のミャンマー人映像作家から二〇〇〇ドルで動画を購入し、偽ニュースを流したという筋立てのようだった。だが、実際には動画や金のやり取りはしておらず、でっち上げだった。

それでも外国人の北角は特別扱いで、刑務所では独房をあてがわれた。独房にはほかにNLDの閣僚や現地の俳優などが収容されていた。拘束中、暴行は受けなかった。

他の収容者らから北角が聞いた話では、一般のミャンマー人政治犯の場合、拘束後にまず、国軍の収容施設に連れて行かれる。数日間〜二週間ほど留め置かれ、拷問を受け、取り調べで自白を強要されるという。拷問の内容は、銃を頭に突きつけながら尋問する、食事を与えない、トイレに行かせず失禁したら殴る、棍棒で打つなど陰惨で、死に至るケースもあるようだった。

その後、ミャンマー人政治犯は刑務所に移送されるのだが、特別な事情がない限り、独房ではない。北角が見聞きしたところでは、一〇〇人以上が密集状態で雑魚寝させられていた。

北角は刑務所で、ペンの所持を禁じられた。ペンの代わりに拾った鳥の羽根、インクの代わりに濃いめに溶いた差し入れのインスタントコーヒーを使い、取っておいた差し入れ品リストの紙などに、日々を記録した。

日本では、北角の拘束後、ジャーナリストや人権団体関係者などから解放を求める声が上がり、署名運動も広がっていた。

「君は明日帰ることになる」。刑務所の担当者に突然、荷物をまとめるように言われたのは五月一三日だった。同日、ミャンマーの国営放送が「これまでの両国の友好関係と、今後の関係のため訴追は終了する」と解放について報じていたことは後で知った。翌一四日、北角は一カ月近い拘束から解放され、日本に帰国した。

北角は成田空港で報道陣の取材に応じた。解放に向けた支援に感謝する一方、「ヤンゴンで起こっていることを伝えたかったが、悔しい気持ちだ」と複雑な心情をにじませ、ミャンマーについて日本から発信していくことを誓った。

†やまぬ反発に強硬姿勢

北角が帰国してから一年余りたっても、ミャンマーの状況は改善とはほど遠かった。地方を中心に、国軍と民主派の武装組織「国民防衛隊（ＰＤＦ）」との間で戦闘が頻発。

ヤンゴンのような国軍の勢力が強い都市では、表面上は平穏になってきたようでも、拘束を避けるためにごく短時間、路上で抗議する「フラッシュモブ」と呼ばれるデモや、爆弾事件が散発していた。家を離れ、ジャングルなどに身を隠す避難民が全国で続出していた。

国営紙は二二年七月二五日、著名な民主化活動家やNLDの元下院議員ら四人について、テロ行為に関与したとして、死刑を執行したと報じた。ミャンマーでの死刑執行は三〇年以上ぶりだった。欧米や日本は執行中止を求めていたが、国軍は無視をして強行した。

久保田が拘束されたのはそんな時期だった。

七月三〇日、ヤンゴンでのデモ現場付近で、久保田とみられる日本人男性を警察が拘束したと現地メディアが伝えた。現場の南ダゴン地区は戒厳令下にあり、当局は抗議デモを徹底排除していた。

久保田は慶応大在学中の一四年から、ミャンマーでの迫害から逃れたロヒンギャ難民らを取材し、ドキュメンタリー制作を始めた。国内外の映画祭にも多数出品し、「Light up Rohingya」は国際平和映像祭のAFP通信賞を受賞している。

この時点で、久保田の具体的な容疑は不明だった。市民の反発に手を焼く国軍は、強硬姿勢で拘束を連発しており、友人らの不安は募った。

即時解放を求める緊急署名をネット上で呼び掛けたドキュメンタリー映像作家の米本直

樹（四六）は拘束の一二時間ほど前の三〇日未明（日本時間）、久保田から連絡を受けた。「現地で撮影したものを今後どう伝えるかの話で、大きな危険が迫っているような内容ではなかった」と明かした。

写真家の新畑克也（四三）は久保田と同様にロヒンギャ問題を追い、交流があった。ミャンマーで迫害され、隣国バングラデシュに逃れたロヒンギャ難民のキャンプを訪れるなど、現場を重視する久保田の姿勢を「心から尊敬している」とした上で、「彼の拘束でミャンマー情勢やロヒンギャ問題に再び関心が集まる。国軍は自分たちの首を絞めている」と切り捨てた。

†あいまいな日本の対応

久保田拘束について、国軍は情報を小出しにしていった。

国軍報道官のゾーミントゥンは八月二日、報道機関の取材に久保田を拘束したと認めた。日本政府は早期解放を求めていたが、ゾーミントゥンは「解放は現時点で未定だ」と話した。

四日、久保田に対し、扇動や入国管理法違反の罪で訴追手続きに入ったと国軍当局は明らかにした。国軍側は、久保田は七月に観光ビザでミャンマーに入り、同月三〇日に十数人による抗議デモをスマートフォンやカメラで撮影中に拘束されたと説明した。デモ参加者と前日に接触していたことを認めているとしていた。

拘束された南ダゴンのように、戒厳令下にある地区は、司法権が国軍の地方司令官に委ねられるため、密室の軍事法廷での裁判になる可能性があった。

八月一七日、ゾーミントゥンは記者会見で、久保田について扇動と入国管理法違反の罪に加え、インターネット上のコンテンツを規制する電子取引法違反罪での訴追も検討していると明らかにした。入国管理法違反罪についてはすでに審理が始まっているという。電子取引法を巡っては、国軍がバングラデシュからの不法移民とみなして迫害しているロヒンギャに関する作品が問題視されたもようで、ゾーミントゥンは久保田が虚偽の内容のドキュメンタリーを制作したと主張した。また、久保田がデモの撮影だけでなく、参加もしていたと説明した。

こうした国軍が発表する情報は、真偽が怪しかった。北角は自身の拘束を振り返りながら「今のミャンマーでは事実か否かではなく、とにかく反旗を翻す者は全て有罪にされる」と国軍を非難していた。

久保田の拘束への日本政府の対応も注目された。林芳正外相は八月二日の記者会見で「ミャンマー当局に対し、早期解放を働きかけている」と説明した。

ただし、拘束の背景にある国軍の人権軽視の姿勢に対し、国軍幹部らへの制裁を発動している欧米と比べると、日本は甘かった。

日本はクーデター後、先進七カ国（G7）外相による非難声明に加わった。しかし、国軍の軍人を受け入れて訓練する防衛省の事業は続けた。対ミャンマーの政府開発援助（ODA）は、緊急人道支援を除く新規案件を停止したものの、既存事業一〇六件は維持した。

ODAでは、ヤンゴン中心部と、日系企業が進出する「ティラワ経済特区」がある地域をつなぐバゴー橋の建設事業で、横河ブリッジ（本社・千葉県）がクーデター後、複数回に分け、欧米の制裁対象である国軍系企業「ミャンマー・エコノミック・コーポレーション（MEC）」に、下請け代金計約二〇〇万ドル（約二億七〇〇〇万円）を支払った事実も明るみに出ている。クーデター前からの既存案件であることが支払いの理由にされた。

また、二二年七月、久保田拘束の約三週間前に、安倍晋三元首相が殺害された。政府は国葬の案内をミャンマーにも出し、九月に開催された式典にはソーハン駐日大使が参列した。その様子がミャンマー外務省のフェイスブックに写真付きで掲載され、国軍統治を日本が承認しているかのように利用されたとの批判が出た。

このように、日本の対応には一貫性がなかった。

そして、久保田の拘束を巡っては、政治パフォーマンス的な動きもみられた。

自民党の渡辺博道・元復興相が八月一一日に首都ネピドーで国軍総司令官のミンアウンフラインと会談した。渡辺は一五日、「近いうちに解放する」と伝えられたと、フェイスブックに投稿した。

結論から言えば、渡辺とミンアウンフラインの会談後も、早期の解放はなかった。

†見せしめの有罪判決

ミャンマーでは訴追された久保田に対する審理が続いた。収監先のインセイン刑務所内の法廷で、非公開で実施されたため、詳しい内容は分からなかった。

この時期、ミャンマーで拘束されたり、有罪判決を下されたりする外国人が相次いだ。八月、現地在住の元英国大使ビッキー・ボウマンが入国管理法違反容疑で拘束され、九月に有罪判決を受けた。スーチーの経済顧問だったオーストラリア人経済学者のショーン・ターネルも同月、国家機密法違反の罪で有罪判決を受けていた。

そして、ミャンマーの軍事法廷は一〇月五日、久保田に対し、電子取引法違反で禁錮七年、扇動罪で同三年の判決を言い渡した。さらに一二日、入国管理法違反の罪で禁錮三年の判決が加わった。規定により、服役期間は合計一〇年という重い刑になった。

久保田を含む外国人への一連の判決は、見せしめの可能性が指摘された。

判決から一カ月あまり経過した一一月一七日、国軍は記念日「国民の日」の恩赦で、久保田ら四人の外国人を含む約五八〇〇人を解放すると発表した。久保田以外の外国人は、ボウマンとターネル、米国人の植物学者チョーテイウーが対象になった。国軍は国営テレビを通じて「人道的な見地と国家の善意を示すため」と説明した。

解放された久保田は一八日、タイを経由して帰国した。午前六時半ごろ、久保田は羽田空港のロビーに姿を見せた。支援者から花束を受け取り、握手や抱擁を交わした。「元気な姿にほっとした」。出迎えた人たちの中に北角もいた。北角の拘束が約一カ月だったのに対し、久保田の拘束は三カ月を超えた。北角は安堵の一方で、厳しい見方を示した。「国軍は外国人にも、いっそう強引な捜査をするようになった」

国軍はクーデターに反発する民主派との内戦で苦戦し、国際社会では孤立していた。元政治犯のミャンマー人ジャーナリストは「解放した外国人の出身国に融和姿勢を示しつつ、東南アジア諸国連合（ASEAN）からの圧力を和らげる狙いだ」と分析した。

クーデターを巡り、ASEANは二一年、五項目の対応で合意した。五項目はミャンマーに対し、特使の受け入れや暴力の即時停止などを求める内容だったが、その履行は進展に乏しかった。一部の加盟国は国軍へのいら立ちを強めていた。

恩赦について、民主派が設立した「挙国一致政府（NUG）」で人権問題を担当するアウンミョーミンは「拘束された人たちのほとんどがでっち上げの罪で刑務所に送られた。軍事政権に感謝することはない」と強調した。

国軍は当時、二三年八月に総選挙を実施する方針を示していた（二三年二月、事実上の先送りを表明）。スーチーらを排除し、自派に有利な選挙制度を導入するとみられていた。恩赦について、アウンミョーミンは総選挙の正当化を図る「広報活動」と言い表した。

ミャンマーの人権団体「政治犯支援協会（ＡＡＰＰ）」の調べでは、久保田が解放された二二年一一月一七日時点で、スーチーを含め、クーデター後の政治犯約一万三〇〇〇人が拘束されていた。

ＡＡＰＰによると、恩赦対象の約五八〇〇人について、どの刑務所から何人を解放したかなどの詳細を当局は明らかにしなかった。ＡＡＰＰが独自に解放の情報を得た政治犯は、一一月二五日時点で四〇二人。裏付けまで取れたのは二〇八人だった。このうち二人は解放後、すぐに別の罪で再逮捕されたという。

ＡＡＰＰ執行部の男性は「恩赦で解放された多くは、政治犯ではないと考えられる」と語った。解放の背景について、ＡＳＥＡＮ首脳会議など国際会議が続く時期だったことから「国際社会からの圧力を和らげるのが狙いだろう」と推測し、「本当に国を良くしたいのであれば、スーチー氏ら重要な政治犯を解放するはずだ」と指摘した。

†でっち上げられたデモ参加

解放された久保田は二二年一二月初旬、筆者のインタビューに応じた。まず、浮かび上がってきたのは、杜撰な事実認定に基づく拘束とそれを正当化させるための印象操作だった。

国軍は、久保田が七月一日に観光ビザで入国し、デモの撮影に加え、参加もしていたと主張していた。

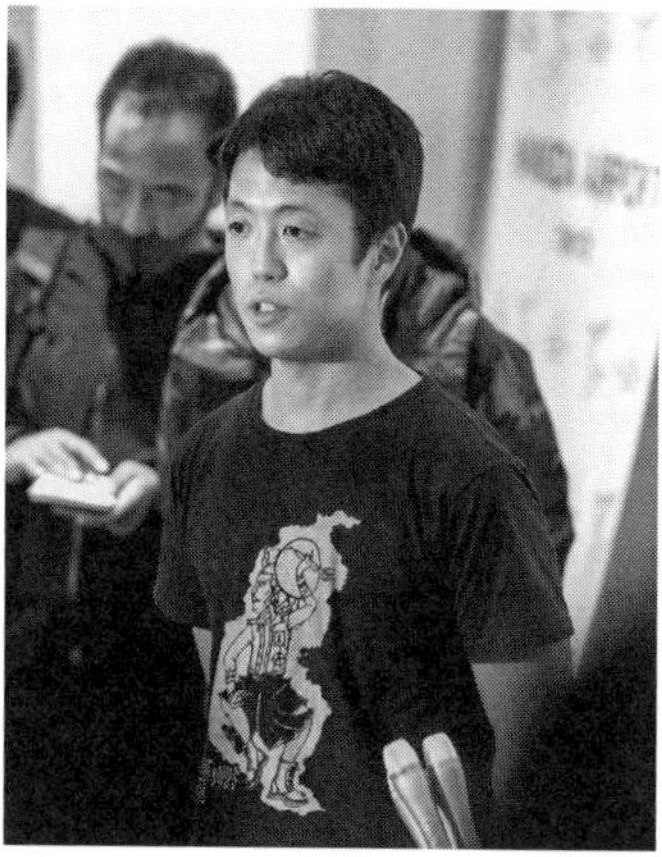

帰国し、報道陣の質問に答える久保田徹（2022年11月、羽田空港で）

ところが、久保田によると、ミャンマーに渡航したのは七月一四日だった。また、久保田は「デモを撮影したが、扇動はしていない」と断言した。

久保田の渡航は元々、クーデター後もヤンゴンにとどまり、慈善活動を続けるミャンマー人のドキュメンタリー制作を目的としていた。

入国後、ヤンゴンの町は表面上平穏だっ

た。しかし少し探れば、SNSに国軍批判を書き込んだだけで半年拘束された若者らの話が聞こえてきた。必死に抗う姿を捉えようと、SNSで得た情報を基に、短時間のデモ「フラッシュモブ」の取材を決意した。

七月三〇日、ヤンゴンで地元の若者ら一五人余りが横断幕を掲げ、三〇秒ほど行進した。久保田は二、三〇メートル後方から撮影後、通行人を装い、逆方向に歩いた。

脇道に入った時、後ろから乗用車が近づいてきた。飛び出してきた軍人か警察官らしき私服の男二人に、ライフルを突きつけられた。手錠をされ、車に押し込められた。「まずいことになった」と頭が真っ白になった。

警察署に着き、他に六人が捕まったと分かった。そして、そのうち三人と屋外で、素顔のままデモの横断幕を持たされ、写真を撮られたという。

この写真が久保田のあずかり知らぬところで、拘束直後からSNSに投稿されていた。当初から民主派のミャンマー人の間で「おかしい」との声が上がっていた。ヤンゴンのような当局の監視が厳しい都市部では、短い時間のフラッシュモブであっても、参加者は覆面などで顔を隠すのが通例になっていたからだ。

「デモの際に安全確認役を務めたミャンマー人ら三人が東京新聞の取材に応じたが、「久保田氏はデモには参加せず、距離を置いて撮影していただけだ」と証言していた。

つまり、久保田がデモに参加し、違法行為をはたらいたと印象付けるために、国軍側がでっち上げの写真を拡散させていたのだ。

†「プロパガンダ・ツール」の恩赦

久保田は拘束された初日の夜、エアコン付きの署長室で過ごす好待遇を受けた。だが翌日、警察官らはSNSで久保田の名前を検索し、ロヒンギャに関する作品を発見すると態度を一変させた。久保田を小突き、虫酸が走るというような侮蔑的なしぐさを見せた。「地獄みたいな所に行くぞ」。酒臭い警察官に通告され、二メートル×五メートルほどの広さに二〇人以上がひしめく留置場に入れられた。トイレは床に開いた穴と低い囲いがあるだけ。汗や汚物、ほこりの臭いが交じり、寝る時は体が重なり合った。収容者への暴力も目にした。日本大使館との連絡を求め、留置場ではハンガーストライキをした。

八月四日、インセイン刑務所に移動し、外国人用の独房に入れられた。留置場よりやや広いが、鉄格子から雨水が入り、蛍光灯が夜通しついていた。就寝中、ゴキブリが手を這った。それでも一〇〇～二〇〇人がひしめく大部屋で過ごす現地の人よりましだった。同月二二日、ようやく大使館と電話で連絡が取れた。

単調な毎日で、心の支えは密かに持ち込んだペンで紙切れに書く日記だった。

「今、自分にできることはほとんどない」(八月四日)「俺の悲しみはこの国の人々に比べたらわずかなものだ」(八月一七日)「あと何日、こんな夜を過ごすのか」(九月一二日)「気持ちを強く持たなければ」(九月二三日)。無力感や不安と戦っていた。

久保田は三つの罪で起訴されたが、詳しい内容は知らされなかった。

一〇月五日、刑務所敷地内の裁判所で、扇動と電子取引法違反の罪を審理する軍事法廷が開かれた。弁護士の同席を要求したが、軍事法廷を理由に拒まれた。

前に立った軍人三人のうち、中央の人間が大声で何かを読み上げた。通訳は二、三分の話をごく簡単に訳すのみ。横断幕を作り、デモに参加したほか、人々を惑わす映像をネットに投稿したと認定された。前者は捏造写真を証拠とし、後者はロヒンギャ関連の作品を指すと思われた。

「付け加えることはあるか」と軍人に問われた。事実と異なるが、解放のためには判決が出るのが第一と大使館から聞いていたため、「ない」と答えると、すぐに禁錮七年を言い渡された。わずか一回、五、六分の審理だった。

一週間後には観光ビザでの入国を巡る入国管理法違反罪の判決もあり、量刑は合計で禁錮一〇年なった。有罪判決後も早期の解放はなく、刑の重みが心にのしかかった。

「楽観的な気分と絶望的な気分が波のように交互に現れる。一度悪いほうに考えがいくと、なだれのように最悪のイメージばかりが浮かぶ」。一〇月二六日の日記にそう綴った。刑務所内で紐を見掛け、首をつる姿も想像した。

恩赦の報は突然だった。一一月一七日朝、看守数人が来て「解放だ」と告げた。せかされ、数分で荷物をまとめて独房を出た。

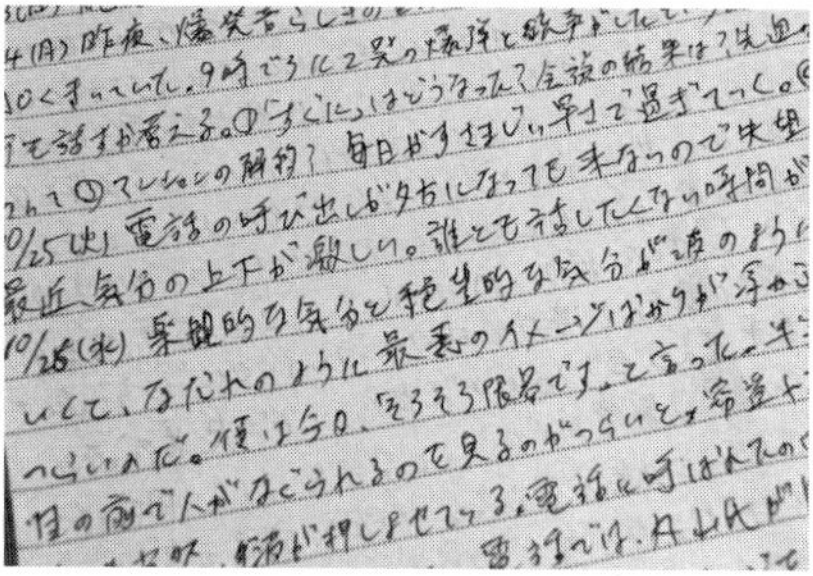

久保田が拘束中の出来事や感情を書き留め、心の支えにした日記

他の恩赦対象者と刑務所の講堂に集められ、椅子に座って話を聞いた。テレビカメラが入っていた。国軍側にしてみれば、恩赦を与えてやる祝典という意識なのか。「まるで卒業式のようで、馬鹿馬鹿しかった」

出国前の空港では記念撮影の如く、当局者や駐ミャンマーの日本大使と並ぶ構図も撮られた。こうした映像は国営テレビで流れた。久保田は冷静に振り返った。「僕らはプロパガンダ・ツールとして使われた。それで国軍の蛮行が隠されるとしたら、責任を感じるし、あってはならない」

劣悪な留置施設や証拠の捏造、形式だけの裁判について証言し、先が見えず、揺れ動いた心中を明かした久保田だったが「ミャンマーの人々の現実を知れば、つらかったと思えない」と語った。

拘束されている市民は依然、多数に上り、国際社会の批判を顧みず、政治犯らに対する死刑判決も相次いでいた。久保田は「ミャンマー人の友人は「国自体が監獄だ」と言う。恩赦で国軍が軟化したと考えてはいけない」と強調した。

久保田は「デモの現場に行った判断は甘かった」と自省する一方、観光ビザでの入国だとしてもミャンマーの人々の窮状に迫ろうとしたのは間違いではないと考える。報道ビザの取得は困難で、入手しても監視が付き、取材先に危険を及ぼす恐れがあるからだ。「自分の体験を通じてミャンマーに目を向けてほしい」と久保田は願った。「日本は民主主義国で発言の自由がある。ミャンマー人が命懸けで求めている権利が保障されている重みを自覚すべきだ」

†声を上げるのは義務

自身は再渡航できなくても、ミャンマーを題材にした作品を発信し、市民を支援していく決意だった。「自由のないミャンマーの人々に代わって、声を上げる義務がある」

年．月	日	
2021.2	1	国軍がクーデター
	26	北角最初の拘束。同日解放
2021.4	18	北角２度目の拘束。インセイン刑務所に
2021.5	14	北角解放、帰国
2022.7	30	久保田拘束
2022.8	2	国軍報道官が久保田の拘束を認める
	4	久保田、警察施設からインセイン刑務所に
2022.10	5	軍事法廷が扇動罪などで久保田に有罪判決
	12	入国管理法違反罪でも有罪判決。刑期計10年に
2022.11	17	「国民の日」で久保田に恩赦
	18	久保田帰国
2023.2	1	サイト「Docu Athan（ドキュ・アッタン）」開設

日本人拘束を巡る動き

クーデター発生から二年たった二三年二月一日、久保田と北角は自分たちの拘束経験を踏まえ、ミャンマーの報道関係者らのために、共同で新たなウェブサイトを開設した。

名前は「Docu Athan（ドキュ・アッタン）」。アッタンはサウンカの団体と同じく、ミャンマー語で「声」を意味する。

国軍の弾圧のため、ミャンマーの国外に避難しながら、母国の市民の窮状を伝えるジャーナリストや映像作家の作品を日本語と英語に訳して紹介する。視聴者はサイトを通じ、作家らに資金援助もできる。ミャンマーの人々の「声」を世界につなげる取り組みだ。

最初に掲載したのは、国軍に拘束された

女性が拷問の状況を赤裸々に語る「ザ・レッド」など三作品。サイトを周知し、作品を増やしていく方針だった。

北角は「ミャンマーで起きていることを発信している友人たちが苦境にある。メディアに関わる人間として、ひとごとではないという思いでプロジェクトを始めた」と説明した。久保田は「解放当日の朝、刑務所内で、拘束されている地元ジャーナリストが「ミャンマーのことを伝え続けろ」と一言告げて、自分を送り出した。彼の言葉を引き継いでいく責任がある」とサイト開設に至った思いを語った。

ＡＡＰＰによると、クーデター後、二三年七月上旬時点で、国軍の弾圧による死者は三七〇〇人を超えている。累計で二万三〇〇〇人以上が逮捕され、一万九〇〇〇人余りの拘束が続いていた。こうした中には、ジャーナリストや映像関係者も多く含まれている。「私も久保田さんも多くの人に助けられた。今度は困っている友人たちを支援する番だ」。北角は決意を示した。

久保田は「実情を知ってもらわないと、人道支援も集まらなくなっていく。事実を伝える側の支援を通じて、あらゆる面で支援が広がる仕組みをつくりたい」と望んだ。

主要参考文献

北川成史『ミャンマー政変――クーデターの深層を探る』ちくま新書、二〇二一年
北川成史『ミャンマーの矛盾――ロヒンギャ問題とスーチーの苦難』明石書店、二〇二二年
中西嘉宏『ミャンマー現代史』岩波新書、二〇二二年
根本敬『物語　ビルマの歴史――王朝時代から現代まで』中公新書、二〇一四年

第７章

「民主主義」の国で

法律乱用の恐れ

北川成史

2019年10月21日、報道機関への家宅捜索に抗議し、一斉に一面を黒塗りにしたオーストラリアの新聞（Quinn Roony／ゲッティイメージズ）

1 保護と圧力――オーストラリア

†プラットフォーマーの脅威

メディアに深く関係する立法や規制、圧力の動きは、ロシアや中国、ミャンマーのようなあからさまな権威主義や軍事政権の国だけに限らない。程度の差こそあれ民主主義の仕組みを採り入れ、一定の発展を果たした先進国や新興国・地域でも起きている。そこには日本も含まれる。

この章では、いくつかの国・地域での出来事から、そうした動きを考えたい。

昨今、報道機関の土台はいくつかの要素で揺らいでいる。一つは新型コロナウイルスの世界的流行だ。各種の移動規制が取材活動を制約し、経済活動の停滞は報道機関の経営にも打撃を与えた。

そして、コロナよりも長期にわたり、世界中の報道機関にとって脅威になると思われる存在が、デジタルプラットフォームだ。デジタルプラットフォームは、検索やSNSなどネットで基盤となるサービスを指す。

こうしたプラットフォームは、スマートフォンなどを通じて、消費者にニュースを届ける事実上のインフラとなった。一方、ニュースの発行元は、広告収入を奪われ、経営が悪化した。サービスを運営するプラットフォーマーはニュースをタダで利用しているとして、対価を求める声が欧米を中心に高まっている。

プラットフォームへの規制で、世界に先んじて動いたのがオーストラリアだった。

豪州競争・消費者委員会（ACCC）は二〇二〇年七月、代表的なプラットフォームを提供する米ハイテク大手のグーグルやフェイスブック（FB、現メタ）に、ネット上で表示するニュースについて、発行元に使用料を支払うよう義務付ける指針の草案を発表した。豪州でグーグルとFBは、オンライン広告市場のシェアの大半を握る存在となっていた。プラットフォームにニュースの対価の支払いを義務化するのは世界初とみられた。

法的な拘束力のある仲裁や罰金などの新たな交渉ルールを定め、コンテンツに対する公平な支払いを実現させるのが狙いで、年内の法制化を目指していた。

ACCCの指針草案によると、ニュースの使用料について、新聞社などが交渉の意向を通知した場合、プラットフォーマーは誠実に応じる必要がある。支払いを拒否すれば、最大で豪州での年間売上高の一〇％に当たる罰金を科すという。

ロッド・シムズACCC委員長は声明で「コンテンツに公正な支払いを行い、入手できるニュースを減らさないモデルを追求してきた」と述べた。

米メディアによると、グーグルは声明で「政府の高圧的な介入はデジタル経済を阻害する」と批判した。「ニュースから得る経済的価値は小さい」と主張し、豪州でニュースに関連する検索からクリックされた広告収入は一九年、一〇〇〇万豪ドル（約七億円）にすぎなかったとしていた。

一方、シムズは「ニュースは直接の広告収入をはるかに超える恩恵をプラットフォーマーにもたらしており、その見返りとしてかなりの額の支払いを受けるべきだ」とした。

†世界初の記事使用料義務化

豪州政府の方針にプラットフォーマー側は反発した。その中には、半ば脅しめいた内容もあった。

FBは八月、豪州政府がニュース記事使用料の支払いを義務付ける法律を成立させた場合、豪州の利用者や報道機関がFBや写真共有アプリ「インスタグラム」でニュースを共有することを禁止すると発表した。FBは多くの利用者を豪州のニュースサイトに誘導していると主張していた。

グーグルも同月、豪州政府の方針に反論する公開書簡を公表した。検索などのサービスを無料で提供できなくなる恐れがあるとして、利用者へのしわ寄せをちらつかせた。

こうした中、豪州政府は一二月、グーグルやＦＢに、ニュース使用料の支払いを義務付ける法案を議会に提出した。

法案の審議が大詰めを迎える中で、プラットフォーマー側の対応が割れた。ＦＢは二一年二月一八日、豪州でニュース記事の共有や閲覧を制限した。これに対し、グーグルは豪州メディアと個別に交渉し、記事に対価を支払う契約を相次いで結んだ。法律の制定後、使用料を巡って、法的拘束力のある仲裁の対象になるのを回避する動きとみられた。

閲覧制限という強硬策で批判を浴びたＦＢは、豪州政府と交渉した。使用料決定の最後の手段である仲裁の前に、二カ月間の調停期間を設ける措置を盛り込むなど、法案の修正で両者は合意した。ＦＢは記事の閲覧も再開すると発表した。

豪州議会は二五日、グーグルやＦＢというプラットフォーマーに対し、ネット上に掲載するニュース記事の使用料支払いを義務付ける世界初の法案を可決した。コンテンツの「仲介役」として巨額の広告収入を稼ぐプラットフォーマーに負担を求める規制の先駆けとなった。

「公益性の高いジャーナリズムを維持するのに役立つ。重要な経済改革で世界中が注視している」。豪州のジョシュ・フライデンバーグ財務相は二五日、声明で法案が可決された意義を訴えた。

ただし、法案が修正された結果、プラットフォーマーが報道機関と個別に支払い契約を結び、ニュース業界に「大きく貢献した」と政府が判断すれば、法律の適用対象から除外される仕組みになった。米リーハイ大のジェレミー・リタウ准教授は「中小メディアが仲裁を求めても、FB（などのプラットフォーマー）が「ニュースに多額の投資をしている」と主張すれば、仲裁を強制されるのを回避できる」と問題点を指摘した。

この時点でカナダや英国も同様の法案を検討していた。

リタウは「プラットフォーマーにとって最大の脅威は、国境を越えて規制が広がることだが、間違いなくそうなるだろう」と予測した。一方で、FBが豪州でニュースの閲覧制限を実施したのを念頭に「彼らが再び抑圧的な戦術を採ることが懸念される」と語った。

豪州でのここ数年での出来事は、報道の在り方について考える時、政府と既存メディアの関係だけでなく、グローバルな巨大IT企業の存在を見逃せなくなっている現実を如実に表していた。

†メディアを連日捜索

プラットフォームへの規制に積極的だった豪州政府は、報道の自由の傑出した擁護者なのだろうか。それとは真逆の一面も見ておく必要がある。

豪州連邦警察は一九年六月五日、シドニーにある公共放送ＡＢＣの本部を家宅捜索した。機密情報の公表を禁じる連邦犯罪法に違反したというのが理由だった。アフガニスタンに派遣された豪兵士による違法な殺人を明るみに出した報道が問題にされたのだ。

ABCの「アフガン・ファイルズ」(ホームページより)

この報道は、一七年に「アフガン・ファイルズ」と題して展開されたシリーズだった。入手した機密文書に基づき、〇九～一三年にアフガンに派遣された豪特殊部隊が、非武装の男性や子どもを殺害した事件が一〇件あったと伝えていた。

ＡＢＣによると、捜索は八時間以上にわたって行われ、警察はＵＳＢメモリーに記録されたデータを押収したという。

この捜索には豪州内外のメディアが鋭い視線を向けた。

もちろん、公共放送の捜索だけでも一大事だが、それに加えて前日の四日にも、警察は別の機密情報を漏洩した疑いで、大手紙ニューズ・コープ社の女性記者のキャンベラにある自宅を家宅捜索していたからだ。

記者は一八年、政府が情報機関を使って市民の監視を強める計画を極秘に進めていると、機密文書を基に報じていた。

警察は連日の捜索に関連性はないと説明したが、「報道の自由の侵害」との批判が広がった。警察は記者らが訴追される可能性を否定しなかった。

ABCは声明で「公共の利益になる場合には、安全保障や情報機関に関する問題でも恐れず報道していく」と強調した。警察を所掌するピーター・ダットン内相には、捜査の中止を求める書簡を提出した。

代表的な報道労組の「豪州メディア娯楽芸術同盟」は「国民の知る権利への攻撃にほかならない。ジャーナリストに対する警察の捜索が普通になりつつある。止めなければならない」と危機感を込めて批判した。

豪州の主要メディアは一九年一〇月二一日、報道の自由を訴える一斉行動に出た。「オーストラリアン」や「シドニー・モーニング・ヘラルド」などの新聞が、一面にほとんどの単語が黒く塗りつぶされた記事を掲載したほか、テレビやラジオ局も意見広告を流した。六月の家宅捜索に対して、ABCやニューズ・コープなど五社とジャーナリストの組合が「ユア・ライト・トゥー・ノウ（あなたの知る権利）」と称して実施しているキャンペーンの一環だった（七章扉）。

†令状は有効か無効か

ＡＢＣとニューズ・コープは、捜索令状は報道の自由の侵害で、無効だとして提訴した。豪州の連邦裁判所は二〇年二月、ＡＢＣに対する捜索令状は有効であるという判決を出した。判決では、ＡＢＣは令状の申請と発行の判断が不合理であるという立証をできていない、などとされた。ＡＢＣは上訴を断念し、判決は確定した。

ニューズ・コープの記者宅の捜索については、連邦最高裁が四月、令状を無効とする判決を出した。判決は、記事の基になった機密情報が何かなど、具体的な違法行為の内容が令状に欠けていたと指摘した。ただし、報道の自由に照らして捜索が無効かどうかに、最高裁は踏み込まなかった。それ以前に、令状が無効なので検討の必要はないという論理の立て方だった。

機密情報の漏洩を巡り、報道機関を対象にした捜査で、令状の有効性への司法判断が分かれる結果となった。

民事訴訟の結論が出た後も、ＡＢＣとニューズ・コープの記者らに対する刑事事件の結論が残っていた。

連邦警察は五月、ニューズ・コープの記者を起訴しないと発表した。「証拠不十分」として情報源も訴追せず、捜査を終結するとした。ＡＢＣの記者についても、連邦警察は一〇月、起訴を見送ると明らかにした。連邦検察が起訴を検討したが、民主主義における公共の利益のためにジャーナリズムが果たす役割を考慮したと説明した。

記者個人が刑事責任を問われる事態には至らなかったが、豪州の報道の自由に傷跡を残す出来事となった。

また、捜査や訴訟と並行し、警察や情報機関の活動が報道に与える影響について、連邦議会上下両院の合同委員会が一九年七月から調査を実施していた。

委員会は警察を管轄する内務省や報道機関、研究者などから意見を集めた。ＡＢＣを含む主要メディアの団体は、「知る権利」を尊重し、記者たちが国家安全保障関連の法律違反の罪で訴追されないように、免除措置を求めた。一方、内務省は、情報を共有する同盟国からの信頼を得るために、機密の厳しい管理が必要だと主張し、免除措置に反対した。

こうした意見を踏まえて、委員会は二〇年八月、最終報告書を発表した。報告書は、政府文書が不当に機密扱いされないように、機密文書の指定方法の見直しなどを政府に勧告したが、報道機関側が求めた記者の訴追免除措置の導入は盛り込まなかった。

†9・11以降に強まる規制

「報道機関への脅しという面で、この一年は第二次世界大戦後最悪だった」。ABCの本部やニューズ・コープの記者宅が立て続けに家宅捜索を受けてから一年たったころ、メルボルン大のデニス・ムラー上級研究員（ジャーナリズム）は筆者の取材の中で、そう酷評した。捜索令状が無効だとするABCの訴えが退けられた後のことだった。

議会の合同委員会でのやりとりでも表れたとおり、警察や内務省は「機密情報の保全は他国からテロ情報を得るために重要だ」と捜査を正当化していた。この論理について、ムラーは〇一年九月一一日の米中枢同時テロ以降、力を増した主張だと指摘した。「オーストラリアはいまや、八〇以上の国家安全保障関係の法律を持っている。そのほとんど全てが、この二〇年間に制定された。多くがジャーナリズムを犯罪化し、公共の利益を擁護していない。9・11をはじめとするテロ行為への対応として、国家安全保障の名のもと、豪州での報道の自由を巡る状況は悪化し続けている」

ムラーは警察の政治勢力化にも危機感を募らせていた。ABCやニューズ・コープの報道は一七～一八年にかけての出来事だった。しかし、捜索の実施まで一年以上かかった。ちょうど、スコット・モリソン首相率いる与党が勝利した一九年五月の総選挙後だった。こうした点から、総選挙で与党が不利になるのを警察が避けたのではないかという疑念を表明した。

年	月	
2017	7	ABCが「アフガン・ファイルズ」報道
2018	4	ニューズ・コープ記者が政府の市民監視計画を報道
2019	5	総選挙で与党が勝利
	6	4日、機密を公表したとして、ニューズ・コープ記者宅を家宅捜索。翌5日、ABC本部を捜索
2020	2	裁判所がABCの捜索は有効と判決
	4	記者宅捜索は無効と判決
	7	豪州当局がプラットフォーマーにニュース利用料の支払いを義務付ける指針草案を発表
	8	捜索を巡り、連邦議会合同委員会が最終報告書
2021	2	ニュース利用料支払いを義務付ける法律成立

豪州でのメディアを巡る動き

豪州は報道の自由という面で、評価が比較的高かったが、国際ジャーナリスト組織「国境なき記者団（RSF）」の報道の自由度ランキングで、二〇年は二六位だった。六六位の日本よりは上位だが、報道機関への相次ぐ捜索の結果、前年より順位を五つ落とした。

「報道の自由は脆弱な水準にある。オーストラリアの法律は、記者の仕事を支援するよりも、報道の自由を妨げるために多くのことができる」。ニューサウスウェールズ大のジョージ・ウィリアムズ教授（憲法学）もムラーと同様、強い懸念を示していた。

米国などと違い、豪州で報道の自由は憲法上明示されていない。ウィリアムズは「既存の法律は、公共の利益になる記事でも、記者や内部告発者が投獄されることを許容している。報道の自由や告発者に対し、それらの法律に取って代わる明確な法的保護が必要だ」と強調した。

この時期、別の面でもメディアに逆風が吹いていた。新型コロナによる経済停滞で広告収入が急減していた。新聞業界大手のニューズ・コープは、傘下の一一二紙について紙媒体での発行をやめ、うち三六紙は廃刊、七六紙はデジタル版に限ると決めた。

こうした発行媒体の減少について、ウィリアムズは「報道機関の多様性が失われれば、報道の自由の土台が損なわれる」と危ぶんだ。

コロナを巡っては、感染対策として、豪州を含め各国政府が市民の行動を制限した。強権主義が広がり、報道の自由にも悪影響を与える可能性について、ウィリアムズは「あり得る」としたうえで、「コロナウイルスの脅威が弱まるのに合わせ、極端な権力が元に戻るように願うしかない」と動向を注視していた。

2　政権が決める嘘――シンガポール、マレーシア、台湾

†野党の投稿は「フェイク」

インターネット上に広がるフェイク（偽）ニュースを巡り、政府主導の規制が先進・新興国を含む世界各地で進んでいる。

シンガポール政府は一九年四月一日、「偽ニュース・情報操作対策法案」を国会に提出した。ネット上の情報を所管の閣僚が虚偽と判断とした場合、情報を広めた企業や個人に対し、投稿の削除や訂正を命じられるという内容だった。FBやグーグル、ヤフーなどIT大手も、情報の閲覧制限や削除の対応が必要とされた。

経済面で、シンガポールは進んだ国だ。国際通貨基金（IMF）が二三年四月に発表した世界経済見通しによると、シンガポールの二三年の一人当たりGDPは九万一一〇〇ドル（約一二〇〇万円）で、日本の三万五三九〇ドル（約五〇〇万円）を大きく上回る。

一方で、本章で取り上げる国・地域の中では、最も権威主義に近い面もある。一九六五年の独立以来、一貫して「人民行動党（PAP）」が与党の地位を占め、集会が制限され

るなど言論の自由度はかねて高くなかった。新法案はその自由度をさらに狭める恐れが強かった。

新法案について、FBやグーグルなどが加盟する「アジアインターネット連盟」は「真偽を決める裁量を政府に与えることになる」と批判する声明を出した。

こうした懸念の中、与党PAPが議席の大多数を占める国会で「偽ニュース・情報操作対策法」が成立し、一九年一〇月二日に施行された。

同法は、ネット上で虚偽の情報を広めた違反に対し、最高で個人に禁錮一〇年と罰金一〇万シンガポールドル(約八一〇万円)、企業や団体に罰金一〇〇万シンガポールドルを科すとした。

同法に基づく最初の訂正命令は同年一一月、政府系ファンドの独立性を疑問視した野党「進歩シンガポール党(PSP)」のメンバーによるネット上の投稿に対して出された。

この後一カ月足らずで、野党や報道関係者に訂正命令が連発された。「シンガポール民主党(SDP)」や「ピープルズ・ボイス党(PVP)」の幹部のほか、ニュースページ「ステイツ・タイムズ・レビュー」の編集者の投稿にも訂正が命じられた。

SDPは専門職や管理職で外国人の雇用が増え、自国民が締め出されているとのFBなどの投稿が事実誤認だとして、政府から訂正命令を受けた。

自国民より外国人向けの奨学金が手厚いと投稿し、訂正命令を受けたＰＶＰ幹部は「(二〇年の) 総選挙を前に、政府が反対勢力を黙らせるために法を利用している」と反発した。

ＰＶＰと幹部に対しては、総選挙を一週間後に控えた二〇年七月二日、再び投稿停止命令が発出された。ＦＢやユーチューブで、政府が外国人学生を優遇しているとの虚偽の投稿をしたという、前回と同様の理由だった。

シンガポールは外国人労働者に頼っている国だが、一部の国民には外国人に雇用が奪われているという意識もある。新型コロナ禍で、経済減速と失業増加が予想される中で、外国人に対する政策は総選挙の争点になっていた。

年	月	
2019	10	偽ニュース・情報操作対策法施行
	11	野党PSPに初の訂正命令。以降、野党や報道関係者への命令連発
2020	7	総選挙で与党PAP勝利
2021	10	外国介入対策法成立

シンガポールの偽ニュース対策法制化の動き

七月一〇日に実施された総選挙は与党ＰＡＰが勝利した。その後、ＰＡＰ政権は二一年一〇月、外国からの政治介入を防ぐ目的で、政府にネット規制の権限を与える「外国介入対策法」を成立させた。同法によって、政府は社会不安をあおる海外からの情報の遮断などをできるようになった。

偽ニュースや敵対的なキャンペーンの防止を名目としながら、シンガポールでは情報統制のための法整備が進んでいった。

†政争の具となった偽ニュース対策法

シンガポールで偽ニュース対策の法制化が進む中、隣国マレーシアでも同様の法律を巡り、激しい存廃の攻防があった。

マレーシアはイスラム教徒が六割以上を占める国で、一九五七年に前身のマラヤ連邦として独立後、経済発展を遂げてきた。指導者としては、一九八〇年代から二〇〇〇年代初頭にかけて、二〇年以上首相を務めたマハティール・ビン・モハマドが有名だ。日本などを手本とする「ルック・イースト（東方）政策」を掲げて、工業化を進めた。

タイのバンコクで2019年11月、ASEAN関連の会議に出席したマレーシアのマハティール首相（北川成史撮影）

いったん政界を引退し、九二歳になっていたマハティールが、一八年五月の総選挙で国政復帰を目指した動きに関連して、政争の具となったのが偽ニュース対策法だった。

年	月	
2018	4	ナジブ政権で偽ニュース対策法成立
	5	総選挙でマハティールが勝利し首相就任
	7	汚職事件でナジブ逮捕
2019	12	偽ニュース対策法廃止決定
2020	2	マハティール首相辞任
	3	ムヒディン首相就任
2021	3	ムヒディン政権で偽ニュース対策法復活

マレーシアの偽ニュース対策法を巡る動き

総選挙一カ月前の一八年四月、ナジブ・ラザク首相の政権は偽ニュース対策法を成立させた。同法は偽ニュースを発信した人間に五〇万リンギ（約一四〇〇万円）以下の罰金あるいは六年以下の懲役、またはその両方を科す。

当時、ナジブ政権に対抗する勢力は、マハティールを首相候補に担いでいた。緊張感のある対立構図の中で、マレーシアの警察は五月初旬、マハティールを偽ニュース対策法の捜査対象にしていると明らかにした。総選挙公示前日、搭乗予定だったジェット機のタイヤに問題が見つかったトラブルについて、マハティールがネット上や集会で「選挙活動の妨害工作」と主張したことに対し、ナジブ率いる与党の関連団体が虚偽の話だと告発したのだ。新法を使った対立陣営封じ込めの意図が透けた。

総選挙は五月九日に投票された。結果はマハティール陣営の勝利だった。マハティールは首相に就任し、捜査は尻すぼみとなった。逆に首相の座を追われたナジブは、政府系ファンドを巡る汚職事件で、七月に逮捕された。

マハティールは偽ニュース対策法の廃止へと動いた。連邦議会の下院は八月、廃止法案を可決。この時は野党が過半数を占める上院で否決された。

その後、翌一九年一〇月、下院は廃止法案を再可決した。一二月、今度は上院も可決し、偽ニュース対策法は廃止となった。

これで決着かと思いきや、まだ波乱があった。

二〇年二月、与党内の不和を受け、マハティールが首相を辞任した。マハティールと袂を分かち、後任の首相になったムヒディン・ヤシンは二一年三月、偽ニュース対策法を復活させた。マハティール政権時代の廃止決定から、一年余りしかたっていなかった。新型コロナなどに関連した偽ニュースを作成したり、流布したりした個人に一〇万リンギ（約二七〇万円）以下の罰金か三年以下の禁錮刑、もしくは両方を科す内容だった。

この復活は、コロナ禍での裏技だった。

当時、マレーシアには感染拡大を理由にした非常事態宣言が発令されていた。非常事態宣言下では、国王が再開を認めるまで国会は開かれない。重要政策については、国王が緊急性を認めた場合、勅令を発布して施行される。

偽ニュース対策法の復活は国会の審議を経ておらず、この勅令による政策決定だった。

シンガポールとマレーシアでの一連の出来事は、偽ニュース対策という名目での立法が、国家権力によっていかに恣意的に運用されかねないか、実例をもって示している。

†情報戦がもたらす制限

日本の隣の台湾では、災害時に偽ニュースを拡散する行為を罰するのを目的として、一九年五月、改正災害防救法が成立した。災害に関する偽ニュースを意図的に流し、犠牲者が出た場合などに、最高で無期懲役刑を科す。

この改正は、日本での出来事が引き金の一つになっている。

一八年九月中旬、台北駐大阪経済文化弁事処長（大阪総領事）が自ら命を絶った。同月上旬、台風の影響で浸水した関西空港が閉鎖になり、台湾人や中国人ら訪日外国人が取り残された。この時、「中国の大阪総領事館が手配したバスが空港内に入り、中国人客を優先的に救出した」との情報がSNSや台湾メディアで流れた。どうして同じように救出しなかったのかと、台湾で当局への批判が高まる中、同処長が自殺した。後にバスの話は虚偽だと判明したが、偽ニュースが処長を追い込んだとの声が上がった。

この後、蔡英文政権は偽ニュースの流布に厳罰を科す法整備を進めていった。

台湾においては、別の文脈でも偽ニュース対策が取り沙汰されていた。台湾社会の分断を図る中国による世論工作への対抗策という観点だ。台湾の政権や研究機関は、台湾は中国発の偽ニュースに常にさらされており、選挙時には特にその工作が激しくなる、といった主張をしていた。

　現地からの報道によると、蔡総統は二一年一一月、台湾を初めて公式訪問した欧州連合（EU）欧州議会議員らと会談。中国を念頭に「偽ニュースに対抗する民主連盟を創設したい」と述べた。

　欧州では、世論工作目的でのロシアによる偽ニュースの拡散が指摘されていた。訪問団側は「欧州も全体主義国家の攻撃にさらされている」と共同歩調をとる考えを示した。

　その欧州でも偽ニュース対策の立法という面では、ドイツが台湾に先立つ一八年一月、SNS事業者に違法な投稿の削除を義務付ける「SNS対策法」を全面施行していた。SNSの運営会社は、名誉を毀損したり、差別をあおったりする投稿について利用者から削除要請を受けた場合、二四時間以内に応じなければならない。対応を怠った企業には、最大五〇〇〇万ユーロ（約六六億円）の過料が科される可能性がある。

　ドイツについてはナチス時代、政権がメディアを通じてユダヤ人に対する差別をあおり、ホロコースト（大量虐殺）につながったという反省がある。ただし、過剰な規制は表現の自由を制約する懸念がつきまとう。報道機関では、自主的な「ファクトチェック（事実の検証）」を強化しようという動きも出ていた。

二二年二月に始まったロシアのウクライナ侵攻を巡っても、虚々実々の情報が流れた。国際対立が深まるなか、「情報戦」の名のもとでなされる偽ニュース対策によって、自由な報道が制限される恐れが強まる。報道機関は飛び交う情報のファクトチェックとともに、政府の動きにいっそうの注意を払う必要性が高まっている。

3　静かに揺らぐ自由――日本

†G7で最低の評価

国際ジャーナリスト組織「国境なき記者団（RSF）」の二二年の報道の自由度ランキングが同年五月、発表された。対象の一八〇カ国・地域のうち、日本は二一年から四つ順位を下げて七一位だった。民主主義の先進七カ国（G7）の中で、五八位のイタリアから間を置いて最下位。アジアの中でも三八位の台湾、四三位の韓国から水を開けられていた。衝撃的とも屈辱的ともいえる評価だ。

一位ノルウェー、二位デンマーク、三位スウェーデンと、例年上位の北欧諸国がトップ3に並んだ。

なお、香港は二一年に八〇位だったが、中国による規制強化が進んだ影響で、二二年は一四八位に急落した。順位で七〇近い下落幅は二二年のランキングで最大だった。中国は一七五位で、二一年の一七七位とほぼ変わらなかった。

イスラム主義組織タリバンが二一年に実権を握ったアフガニスタンは一五六位（二一年一二二位）、二一年のクーデターで国軍が実権を握ったミャンマーは一七六位（同一四〇位）と、いずれも順位を大きく下げた。最下位の一八〇位は北朝鮮（同一七九位）。二一年に最下位だったエリトリアは一つ順位を上げた。

報道の自由度ランキングにはこれまで何度か触れてきたが、少し詳しく説明しておく。

RSFはランキングで、対象となる国・地域ごとに、いくつかの指標別の点数を出した上で総合点を計算し、順位付けしている。二二年の仕組みでは、政治的・経済的・社会文化的背景、法的枠組み、安全性の五つの指標が設定されている。

点数は二つの調査に基づいて算出される。まず一つは、各国・地域でのアンケートだ。当該国・地域の記者や駐在特派員、研究者、人権活動家に質問状を送り、集計する。もう一つは、ジャーナリストや報道機関に対して殺害、逮捕、捜索などの権力の乱用がどれぐらいあったかを調べる。

二二年の調査を参照すると、アンケートの質問は「政府関係者や政治家は報道の自由を保障する行動をとっているか」「政府が特定の報道機関を優遇していないか」「法律が公的情報へのアクセス権を保障しているか」「政治権力が特定の報道機関を優先するように広告主に圧力をかけていないか」「ジャーナリズムの実践が国籍や性別、性的指向などで妨げられていないか」「ジャーナリストは自己検閲していないか」「ジャーナリストが当局に監視されていないか」など、一〇〇以上に及ぶ。

回答は「全くその通り」「どちらかといえば、その通り」など五段階で判定するケースが多いが、「はい」か「いいえ」の二択もある。

日本の順位の低さについて、評価は適正なのかという異論もある。確かに、メキシコやミャンマーのように、記者が殺害や拘束の恐れにさらされながら、日々仕事をするような状況ではない。従って、日本がジャーナリストにとって危険な環境だとは筆者は思わない。実際、ランキングでも安全性の指標の点数は比較的高い。

だが、政治的・社会文化的背景や法的枠組みという指標での評価が良くない。点数を下げそうなところを筆者の実感から言えば、日本の情報公開の度合いは高くない。情報公開請求の仕組みはあるものの、開示されるのは黒塗りだらけの書類ばかりということがめずらしくない。昨今の政治家の取材対応や言動には、報道機関の選り好みがちらつき、報道の自由を保障する行動に積極的だとは言い難い。また、報道機関側も、特に上層

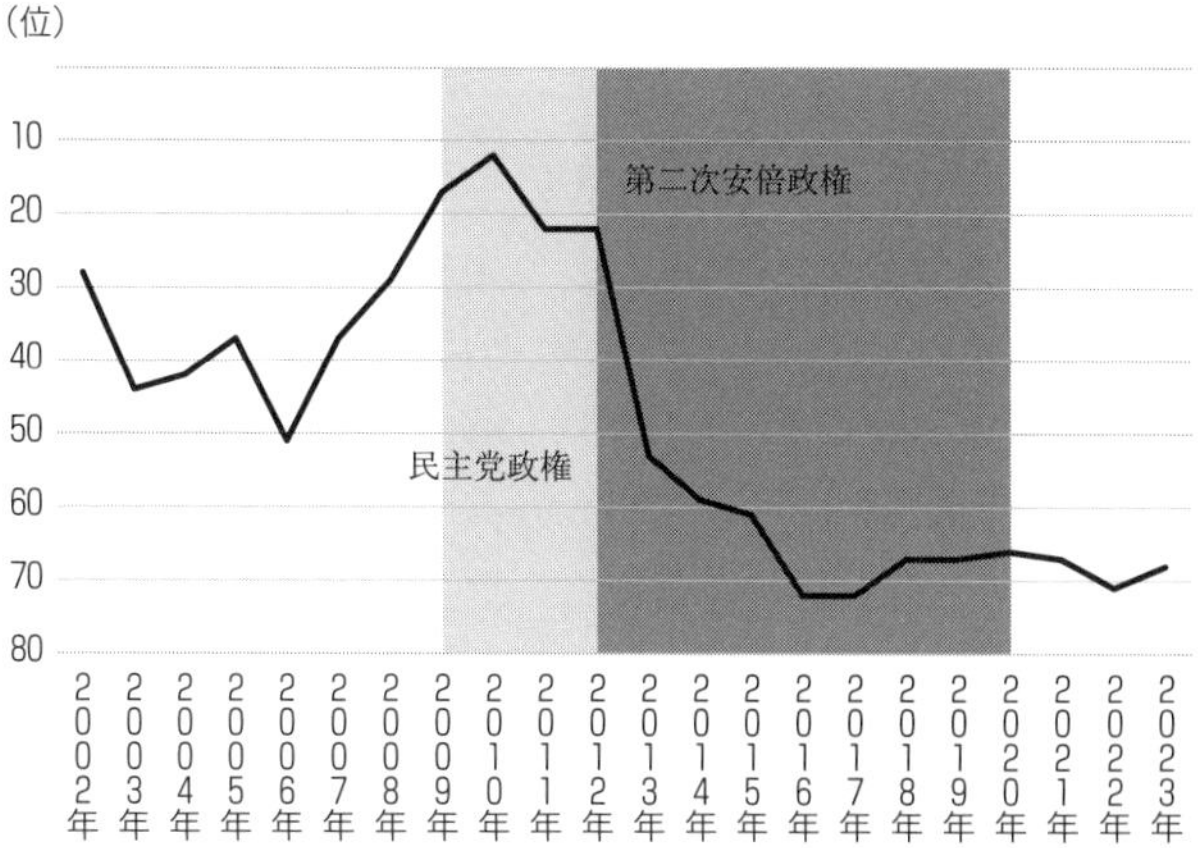

図表 7-1　日本の報道の自由度ランキング
2002〜23年（11年と12年は統合されている）。RSF調べ。

部で女性の割合が少なく、多様性という面では改善の余地がある。記者クラブ制度もかねて、フリーや海外のジャーナリストに閉鎖的だとネガティブな評価を受けている。

　こうした点を踏まえれば、各国・地域と同じ尺度で比較した国際的なランキングを軽く扱うわけにはいかない。

　そして、順位の低さだけでなく、考えなくてはならないのは、順位の下降具合だろう。

　日本は民主党政権時代の一〇年、欧州諸国と肩を並べる一一位まで順位が上がった。外務省の機密文書公開や記者クラブをよりオープンな形にしようとした取り組みが、前向きに評価されたとみられる。

　しかし、一二年（一一年と統合）に二二

位に後退した。一因は一一年に起きた東京電力福島第一原発事故後の対応だといわれる。国内外から情報公開の不十分さが指摘された。

一三年以降、さらに急速に順位を下げ、一六年には七二位まで下落した。その後も六〇位台から七〇位台をうろうろしている。二三年のランキング（二三年五月発表）でも六八位で、二二年から三つ順位を上げたものの傾向は変わらず、G7で最下位のままだった。

順位が急降下した時期は自民党の第二次安倍晋三政権の時期（一二〜二〇年）と重なる。安倍政権下で何が起きたのか。

†秘密保護法の強行採決と放送法解釈変更

一三年一二月六日深夜、安倍政権は日本国内で大きな論議を呼んだ法律を強行採決で成立させた。「特定秘密保護法」だ。自民、公明の与党が賛成、民主、共産、社民、生活の各党が反対し、みんなの党と日本維新の会は退席して棄権した。賛成一三〇票、反対八二票だった。

秘密保護法は防衛、外交、特定有害活動（スパイ活動）の防止、テロリズムの防止の四分野で、「国の安全保障に著しい支障のある情報」を行政機関の長が特定秘密に指定する。指定期間は最長六〇年だが、暗号情報などはさらに延長できる。

公務員や民間の契約業者が情報を漏らした場合、未遂も含めて最高で懲役一〇年の厳罰を科す。欺きや脅迫など不正な手段で情報を取得した側も最高で懲役一〇年。漏洩や取得をそそのかし、あおりたて、共謀した場合も罰則の対象となる。行政情報を得ようとする市民団体や研究者、ジャーナリストらが罪に問われる可能性がある。

秘密指定が恣意的に行われる懸念は消えず、国民の知る権利や報道の自由を侵害する恐れがあった。法律は一四年一二月一〇日に施行された。

報道の自由度という面で、日本の評価を大きく下げたのがこの秘密保護法だった。

それだけではない。安倍政権下でテレビ局を中心に、報道への政治介入をうかがわせる動きが相次いだ。そこで利用されたのが放送法だった。

放送法は戦時中に放送が国家の宣伝に利用された教訓をもとにつくられた。放送の自律の保障や表現の自由の確保をうたい、その上で政治的公平を求めている。政治的公平とは「一つの番組ではなく、放送事業者の番組全体を見て判断する」というのが、かねての政府の解釈だった。ところが、この解釈が変質し、政治的公平が圧力の材料に使われていった。

秘密保護法の施行前月の一一月一八日、安倍は衆院解散を表明した。その夜に出演したTBS系の「NEWS23」で、経済政策「アベノミクス」に対する街頭インタビューが紹介された際、賛否のバランスが「おかしい」と不満を示した。

解散前日の二〇日、自民党は萩生田光一筆頭副幹事長と福井照報道局長の連名でNHKや在京民放五局に対し、出演者の発言回数や時間など、衆院選報道での「公正中立」を求める文書を送付した。

さらにテレビ朝日に対しては二六日、「報道ステーション」でのアベノミクスに関する報道内容を批判し、公正中立な番組作成を要求する文書を出した。「意見が対立している問題については、できるだけ多くの角度から論点を明らかにすること」と定めた放送法四条一項四号を持ち出したが、個別の番組への注文は、法の趣旨をゆがめかねない行動だった。

一五年に入り、自民党情報通信戦略調査会は四月一七日、テレビ朝日専務とNHK副会長を呼んで「報道ステーション」と「クローズアップ現代」の内容に関して事情聴取を実施した。

「報道ステーション」については前月、コメンテーターで元経済産業省官僚の古賀茂明が菅義偉官房長官を名指しし、首相官邸からバッシングを受けてきたと発言した件。「クローズアップ現代」については、出家詐欺を扱った回での過剰演出だった。調査会の川崎二郎会長は、政府が放送法に基づき「テレビ局に対する停波の権限まである」と言及したと

年	月	
2009	9	民主党政権誕生
2012	12	第2次安倍政権誕生（2020年9月まで）
2013	12	秘密保護法成立
2014	11	安倍首相が衆院解散表明。出演した「NEWS23」でアベノミクスの伝え方に不満の意
	12	秘密保護法施行
2015	5	高市総務相が放送法の解釈を変更する答弁
2016	2	高市が放送局の電波停止処分の可能性に言及
	4	ケイ国連特別報告者来日
	11	国連人権理事会作業部会が日本への勧告まとめる
2022	7	安倍が銃撃で死去
	12	秘密保護法違反容疑で自衛官書類送検
2023	3	放送法解釈変更を巡る政府内部文書が明るみに

秘密保護法と放送法関連の動き

いう。

「クローズアップ現代」の件では四月二八日、高市早苗総務相が「報道は事実をまげないですること」と定める放送法四条一項三号に触れるとして、NHKに厳重注意の行政指導をした。

そして、高市は五月、同法四条一項二号が定める放送の「政治的公平」について「一つの番組のみでも極端な場合は、政治的公平を確保しているとは認められない」と国会で答弁し、「放送事業者の番組全体を見て判断する」という従来の政府見解と異なる解釈を示した。

六月には、自民党の勉強会で若手議員が、安全保障関連法案を批判する報道に絡み「マスコミを懲らしめるには広告料収入がなくなることが一番だ」と発言した。広告主への圧力は、報道の自由度ランキングで点数を下げる要素だ。

一六年二月になると、高市が国会で、放送局が政治的な公平性に欠ける放送を繰り返した場合に電波の停止を命じる可能性にも言及した。

このように、放送法を根拠としながら、自分たちに不利な情報を伝えるメディアを規制しようとする政権や与党の態度が如実に現れてきていた。報道の自由度ランキングの質問項目に照らすと、こうした振る舞いが高い評価を受けるはずがなく、順位が下がるのは当然の帰結だった。

†国連特別報告者をないがしろ

報道の自由を遠ざけるような政権の対応は、ほかにもあった。

一五年一二月、言論と表現の自由を担当する国連の特別報告者デービッド・ケイの来日調査が予定されていた。特別報告者は国連人権理事会が任命する。無報酬で特定の国の人権状況を調査し、国連総会(人権・社会問題を扱う第三委員会)や人権理事会への報告書を作成する。報告書に法的拘束力はないが、独立した専門家の指摘として重みを持つ。

ケイは国際人権法や国際人道法の専門家で、米カリフォルニア大アーバイン校の教授でもある。時間が限られ、訪問調査は年に数ヵ国という中で日本を調査対象に選んだ。背景には特定秘密保護法の制定があった。

調査は最初から異例の経緯をたどった。ケイの訪日直前、日本政府の要請で調査が延期されたのだ。日本政府は一六年秋以降に先送りするように求めた。それは夏に実施される参院選の後を意味した。

ケイや日本での調査に協力予定だったNGOは、早期に調査を受け入れるよう要求した。すったもんだの挙げ句、一六年四月中旬の来日となった。

政府高官やジャーナリスト、NGO関係者らと面談するなど一週間の調査後、ケイは四月一九日に暫定的な調査結果を公表した。政府には耳が痛い指摘が並んだ。

調査結果は「序論」で「日本の報道機関の独立性は深刻な脅威に直面している」と概括した。

そして「メディアの独立性」という主題で放送法について言及した。「放送法四条は「政治的公平」を定めているが、どの政府も何が公平であるかを決定する立場にあるべきではない」とくぎを刺した。その上で、高市が二月に放送局の電波停止の可能性に言及した答弁を「メディア規制の脅しだと受け止められている」と問題視した。高市の答弁は、一四年一一月に自民党がテレビ各局に出した衆院選報道に関する文書やテレビ朝日の「報道ステーション」の内容を批判した文書と、同じ文脈にあると位置付けた。

「特定秘密保護法」のパートでは、同法に対し「必要以上に情報の開示を妨げ、市民の知る権利を危機にさらしている」と厳しい目を向けた。「秘密に指定できる事項を適切に定義していない」と根本的な部分を批判した。法の運用において「記者や情報源が罰せられる危険がある」と危惧し、「法を改正し、記者の萎縮効果を全て取り除くべきだ」と主張した。また「内部告発者を保護する仕組みも弱い」とし、公益のために情報を明らかにした人を処罰しない例外規定を設けるように求めた。

これに対し、日本政府は反発した。ケイが日本を離れた翌日の二〇日、岸田文雄外相は国会で「丁寧に説明したが、十分に反映されておらず遺憾」と不満を表した。

一七年五月、ケイが国連人権理事会に提出する調査報告書が公表された。内容は大筋で暫定調査結果と変わらず、日本政府は今度も反発した。菅義偉官房長官は記者会見で「我が国の立場を十分に反映していない報告書になったことは極めて遺憾」と述べた。

国連人権理事会の作業部会は同年一一月、日本の人権上の課題に関する勧告をまとめた。人権理事会は全ての国連加盟国を対象に、人権関連の問題について数年おきに審査している。日本が対象となったのは五年ぶりで三回目だった。ケイの報告書をベースに、秘密保護法などの悪影響が懸念される報道の自由も勧告に含まれた。

計二一七項目の勧告のうち、日本政府は福島第一原発事故後の住民に対する支援継続など一四五項目を受け入れたが、三八項目は一部受け入れや留意とし、報道の自由に関する勧告や死刑廃止要求など三四項目を拒否した。

ケイや国連人権理事会が問題として取り上げた秘密保護法は施行後五年たった一九年一二月、規定に基づき、適用対象となる行政機関が見直された。当初適用対象だった七〇の機関のうち、防衛省や警察庁など二八機関は引き続き対象となるが、検察庁や復興庁など四二機関は、五年間で特定秘密を保有した実績がなかったとして除外された。制定時に必要以上に網をかけていた疑いが浮かんだ。

二二年一二月には、特定秘密などを漏洩したとして、秘密保護法違反などの疑いで、海上自衛隊の一等海佐が横浜地検に書類送検された。同法違反容疑での立件は初めてだったが、最終的には嫌疑不十分で不起訴になった。

防衛省による書類送検の発表では、漏洩されたという特定秘密は「わが国周辺の情勢に関し収集した情報等」というだけだった。本当に秘匿の必要がある情報だったのか、判然としないまま事件は幕切れとなった。

秘密保護法は、妥当性が検証しづらいブラックボックスの形で存在し続けている。

2023年3月8日、参院予算委で、立憲民主党の小西洋之（手前右）の質問に答弁する高市早苗（左）

†圧力の内幕を明かす文書

放送法の解釈変更とメディアへの圧力の問題は、大きく取り沙汰されてから五年以上がたち、首相だった安倍が二二年七月に銃撃されて死去した後も火種は消えていなかった。

二三年三月二日、野党・立憲民主党の小西洋之参院議員が国会内で記者会見を開き、再び問題に焦点を当てた。一四～一五年に安倍政権が一部の民放番組を問題視し、放送法四条が定める「政治的公平」の解釈変更を図っていたことを示す総務省の内部文書を入手したと公表したのだ。

内部文書とされた資料によると、参院議員で首相補佐官だった礒崎陽輔が、ＴＢＳ系「サンデーモーニング」でコメンテーター全員が同じ主張をしていると不満を持った。一つの番組でもおかしいものがあるとして、一四年一一月以降、古巣である総務省に政治的公平の解釈変更を迫った。礒崎は一五年三月、安倍に状況を説明。安倍は「政治的公平の観点から、現在の番組にはおかしいものがあり、現状はただすべきだ」と反応したという。

資料には、同年二月、総務省から大臣だった高市に対し、放送法の政治的公平の解釈追加に関するレク（説明）が実施されたという記載もあった。この際に高市が「テレビ朝日に公平な番組なんてある？」と発言したとされていた。

先に取り上げた通り、この年の五月、高市は国会で、放送法が定める政治的公平の解釈を事実上変更する答弁をしている。また、翌一六年二月には、放送局が政治的公平を欠く放送を繰り返した場合、電波停止を命じる可能性について言及している。

資料に基づくと、高市のこれらの答弁は、安倍ら首相官邸の意向に沿って、従来の法解釈に手を加え、放送局に圧力をかけた流れになってくる。

高市は資料が公表された翌日の二三年三月三日、国会で「全くの捏造文書だ」と主張した。捏造でなかった場合は閣僚や議員を辞職すると明言した。

だが、総務省は七日、資料が公式な「行政文書」だと認定し、ウェブサイトに全文を公開した。また一三日には、一五年二月の高市への放送法に関するレクについて、具体的なやり取りは出席者の認識にずれがあるとしながらも、実施された可能性が高いと認めた。

すると、高市はその後の答弁では、文書は「不正確」としつつ、「捏造」という表現は

「言葉がきつすぎるので、あえて繰り返し使わない」とトーンを弱めた。

高市に対するレクの実像がどうだったにせよ、安倍政権が放送法を盾に報道機関への圧力を強めていった実態が、一連の文書でより強く浮かび上がった。

しかし、国会で議論が尽くされたとは言い難かった。

高市は説明責任を果たすというより、自身の正当性を強調する姿勢に終始した。国会外ではツイッターのほか、三月下旬に発売された保守色が強い二つの月刊誌で、独占手記や独占インタビューの形で主張を展開した。そこには国会で「繰り返し使わない」とした「捏造」の見出しが躍った。

また、総務省幹部は三月一七日の国会で、一つの番組が極端な場合を含めて「放送事業者の番組全体を見て、政治的公平を判断する」と説明した。一五年の高市答弁から軌道修正したようにみえる。だが、同時に「(高市答弁の前も後も)解釈はずっと変わっていない」とも述べ、あいまいさを残した。

一方、文書を表に出した小西は、放送法とは違う分野の問題発言で批判を浴び、追及の機運が削がれた。三月末に新年度予算が成立した後は、予算委員会など国会での主要な議論の場も減り、尻すぼみ気味になった。

当事者のテレビ局は、政府から放送免許を受けている遠慮からなのか、一歩距離を置いているようだった。

文書で自局の話が出たテレビ朝日の篠塚浩社長は三月下旬の定例記者会見で「(一四～一五年の)当時、何があったかというと一切ないし、現場への影響もない」と話すにとどめた。ＴＢＳの佐々木卓社長も同月下旬の定例会見で「政治的公平は、局の番組全体を見て判断されるものだという認識だ」と述べる程度で、文書の内容に関する論評は控えた。

放送の自由を研究する成城大の西土彰一郎教授(憲法)は、国会での論議について「放送法の基礎に憲法が保障する表現の自由があるという点まで、踏み込んだ議論がない」と嘆いた。

テレビ局のどこか腰が引けた姿勢にも苦言を呈した。「放送に携わる者は健全な民主主義の発展に貢献するため、国民の知る権利にこたえるという職責を放送法は明らかにしている。ところが一連の対応を通じて、報道の自由や知る権利を守るという気概が感じられない。国民より政府に目線が向いているのではないか」

政権が政治的公平を理由に、特定の番組に圧力をかける余地がなくなったとも言えなかった。西土は日本のメディア全体の感度に疑問を投げかけた。「まさに報道の自由に関する問題なのだから、立場を乗り越え、報道機関として一致して政府にもの申し、「一つの番組では判断しない」とはっきり言質を取るべきだった」

そして、警鐘を鳴らした。「メディアがこうした問題に深入りを避けていたら、報道の自由は揺らいでいく」

主要参考文献

川端和治『放送の自由――その公共性を問う』岩波新書、二〇一九年
マハティール・ビン・モハマド『マハティールの履歴書――ルック・イースト政策から30年』日本経済新聞出版社、二〇一三年

あとがき——日本の報道の自由は大丈夫か

本書では報道の自由を巡るさまざまな国・地域での出来事を取り上げた。全体を見渡すと、大きな流れが浮かんでくるのではないか。

二〇〇一年九月一一日の米中枢同時テロ以降、安全保障の名の下、国家による情報管理が強まった。インターネットやSNSの普及は、報道機関を通さずに支持者に訴えかける大衆迎合主義的な政治家たちの活動を手助けしている。ネット上での注目を意識した彼らの訴えは往々にして扇情的で、コアな支持層を刺激し、反対意見に対する攻撃をあおっている。ここには真偽を区別せず、SNSの画面に情報を表示させるIT事業者の問題が横たわる。

また、新型コロナウイルス禍は、市民生活に各種の制限をもたらし、国家権力の権限を強くする方向に働いた。そして、ロシアによるウクライナ侵攻で、民主主義陣営といわゆる権威主義の国々との対立が深まるなか、自国防衛や偽ニュース対策の名目で、情報統制や監視の動きがさらに活発になっている。

こうした潮流は、報道機関にとってプラスは少なく、活動に制約が加わる恐れが増している。もちろん、日本もその傾向のさなかにいる。本書で取り上げた特定秘密保護法は、具体例の一つといえる。

では、活動制約の恐れに、日本のメディアはどう向き合っているのか。第七章で取り上げた放送法の政治的公平に関する騒動は、もっと吟味されるべき話だ。

二三年三月、政治的公平の解釈と放送局への圧力を巡る問題が再燃した。といっても、当事者であるテレビ局の対応は抑制的だった。また、新聞にしても、会社によって扱い方に温度差があった。放送の自由の研究者が望んだような、さまざまな報道機関が一つになるムーブメントはなかった。結果として、問題は懸案事項として残ったままとなった。

免許事業者であるテレビ局にしてみれば、政府と決定的な対立を避け、なあなあの結末にしたほうが得策という判断なのかもしれない。だが、もしそうだとしたら、ネットも含めて媒体が多様化した時代に、いつまで一般の理解が得られるだろうか。

それは新聞を含め、テレビ局以外の報道機関も同様だ。傍観者然としていたら、傷つかず、いい結果が得られる保証はない。

いざとなったら、オーストラリアで公共放送のＡＢＣが家宅捜索を受けた時のように、競合相手かどうかの枠を越え、一致団結して報道の自由のために闘う、と言う人がいるかもしれない。じゃあ、その「いざ」とは?

政治権力によって報道の自由が侵食されるのは、メディア側が報道の自由について、既得権益と捉えて鈍感になっていたことの裏返しではなかろうか。今、報道関係者に問われているのは、原点に立ち返ることができるかどうかだと思う。つまり、報道の自由は、市民の知る権利を守るためにあり、携わる一人ひとりが重責を担っているという点だ。

報道機関に対する政治的圧力は、権威主義とされる国だけの話ではない。第一章の舞台であるフィリピンは、民主主義国家の範疇に入る。その民主主義国家で、国民に選ばれた指導者が権力をふりかざし、報道機関に圧力を加えた。

日本に同様の出来事が起こり得ないと言えるだろうか。ABS—CBNの停波は、高市早苗総務相が一六年ににおわせた停波処分を思い起こさせる。

マリア・レッサのように、ジャーナリストが一〇件の逮捕状を発付される事態は、人ごとではない。そうした状況になった時、標的になるのは報道機関だけでない。一般市民の表現活動にも息苦しさが現れる。皮肉なことに、日本人ジャーナリストがノーベル平和賞の栄誉に輝く可能性は高まるかもしれないが。

このような時代だからこそ、権力をチェックする報道機関の役割は重要だ。その基盤となる報道の自由は尊重されるべきだし、報道機関自身がいっそうの努力をもって守らなければならないと、改めて重く受け止めている。

本書は一九～二二年にかけ、東京新聞と中日新聞で展開したシリーズ「メディアと世界」を基に、両紙の特派員経験者らが追加取材の上、大幅に加筆修正した。同シリーズは外報部デスク岩田仲弘、小嶋麻友美のもとで始まり、加藤美喜、新貝憲弘など多数のデスクも関わった。その他、朝日、日経、毎日、読売の各紙や共同、時事、ロイター、AP、AFPなどの通信社、各地の現地メディアの記事も参考にしている。

各章の取りまとめ担当者は扉ページのとおりである。本書はほかにも、さまざまな特派員経験者らの取材や記事が元になっている。ここに主な氏名を記しておきたい。

アメリカ総局：白石亘、石川智規、後藤孝好、赤川肇、金杉貴雄、吉田通夫、杉藤貴浩
バンコク支局：岩崎健太朗、藤川大樹
ヨーロッパ総局（ロンドン）：阿部伸哉、沢田千秋、藤沢有哉
パリ支局：竹田佳彦、谷悠己
ベルリン支局：近藤晶

本書の担当である筑摩書房の藤岡美玲氏には、数々の的確なアドバイスをいただいた。ここに厚く御礼を申し上げたい。

二〇二三年七月

東京新聞特別報道部（元バンコク支局長）　北川成史

ちくま新書
1741

報道弾圧《ほうどうだんあつ》

——言論《げんろん》の自由《じゆう》に命《いのち》を賭《か》けた記者《きしゃ》たち

二〇二三年八月一〇日 第一刷発行

著　者 東京新聞外報部（とうきょうしんぶんがいほうぶ）

発行者 喜入冬子

発行所 株式会社 筑摩書房
東京都台東区蔵前二-五-三 郵便番号一一一-八七五五
電話番号〇三-五六八七-二六〇一（代表）

装幀者 間村俊一

印刷・製本 株式会社 精興社

ISBN978-4-480-07569-7 C0236

ちくま新書

1530
メディア論の名著30
佐藤卓己
広く知られる古典から「読まれざる名著」まで、メディア研究の第一人者ならではの視点で解説。ウェブ時代にあってメディア論を深く知りたい人にとり最適の書！

1632
ニュースの数字をどう読むか
——統計にだまされないための22章
トム・チヴァース
デイヴィッド・チヴァース
北澤京子訳
ニュースに出てくる統計の数字にはさまざまな裏がある、前提がある。簡単に信じてはいけません。数字にだまされないノウハウを具体例をあげてわかりやすく伝授。

1231
科学報道の真相
——ジャーナリズムとマスメディア共同体
瀬川至朗
なぜ科学ジャーナリズムで失敗が起こり、読者の不信感を引き起こすのか？　原発事故・STAP細胞・地球温暖化など歴史的事例から、問題発生の構造を徹底検証。

1414
武器としての世論調査
——社会をとらえ、未来を変える
三春充希
内閣支持率は西高東低。野党支持は若年層で伸び悩み。世論調査を精緻に見ていけば、この社会の全体像が見えてくる。仕組みの理解から選挙への応用まで！

1518
メディアが動かすアメリカ
——民主政治とジャーナリズム
渡辺将人
メディアは政治をいかに動かし、また動かされてきたのか。アメリカのテレビと選挙の現場を知り尽くした著者が解き明かす、超大国アメリカの知られざる姿。

1496
ルポ　技能実習生
澤田晃宏
どのように日本へやってきたか。なぜ失踪者が出るのか。働く彼らの夢や目標と帰国後の生活とは。国際的な人材獲得合戦を取材して、見えてきた労働市場の真実。

1691
ルポ　特殊詐欺
田崎基
強盗まがいの凶行で数百万円騙し取る。「家族を殺すぞ」と脅され犯行から抜け出せない。少年から高齢者まで全世代が警戒すべき、今最も身近で凶悪な犯罪のリアル。